Pablo R. Cólica

ESTRÉS
MANUAL DIAGNÓSTICO

La explicación psicobiológica de los síntomas

Editorial Brujas

Título: *Estrés manual diagnóstico: la explicación psicobiológica de los síntomas*
Autor: Pablo Raúl Cólica

Cólica, Pablo Raúl
   Estrés manual diagnóstico : la explicación psicobiológica de los síntomas / Pablo Raúl Cólica. - 1a ed. - Córdoba : Brujas, 2015.
   164 p. ; 23 x 15 cm.

   1. Estrés Psicológico. I. Título.
   CDD 616.89

www.editorialbrujas.com.ar publicaciones@editorialbrujas.com.ar
Tel/fax: (0351) 4606044 / 4691616- Pasaje España 1485 Córdoba–Argentina.

Índice

Prólogo..7

Introducción 11

Primera parte
Diagnóstico de grado de estrés.............................17

Capítulo I 19

Capítulo II.
Descripción y evaluación de hallazgos de laboratorio
bioquímico 25

Capítulo III.
Evaluación de hallazgos de exámenes neuropsicológicos.....51

Segunda parte:
La explicación biológica de los síntomas del estrés...........59

Capítulo IV.
Relación fisiopatológica entre sintomatología clínica y neurocognitiva con los hallazgos de laboratorio 61

Capítulo V.
Correlaciones biológicas de los síntomas neuropsicológicos y
cognitivos 73

Capítulo VI.
Estrés, ansiedad y depresión.................................... 83

Capítulo VII.
Variaciones de la glucemia (hiper e hipoglucemias) en estrés,
ansiedad, depresión 91

Capítulo VIII.
Estrés y síndrome metabólico 95

Capítulo IX.
Algias y contracturas cráneo y cérvico-dorsales 101

Capítulo X.
Síntomas y enfermedades cardiovasculares por estrés 109

Capítulo XI.
Trastorno de (TEPT) 133

Capítulo XII.
Eje neuroendócrino y enfermedades 137

Capítulo XIII.
La evaluación neuropsicológica del estrés..................... 143

Para terminar.. 159

PRÓLOGO

Este Manual es consecuencia de un trabajo de muchos años escuchando, observando y examinando de manera sistemática a personas que concurren a la consulta por problemas relacionados con el estrés.

Debo agradecer la colaboración de la Dra. Graciela Casé quien tuvo a su cargo la difícil tarea de aplicar baterías de encuestas, test, mediciones neurovegetativas y cardiovasculares con pruebas de estrés simulado a numerosos pacientes. Esta tarea la efectuó dentro de lineamientos diseñados en la Sociedad Argentina de Medicina del Estrés que nos fueran ofrecidos con toda generosidad por el Dr. Daniel López Rosetti y su colaboradora la Lic. Cecilia Pilli, quienes oportunamente permitieron la formación de la Dra. Casé en esta metodología que luego perfeccionó en España y México.

En estudios Neurocognitivos colaboraron las Mgter. Lic. Marisel Martini y Cecilia Schwartz que es autora de un capítulo específico de este libro.

El conocimiento del tema surge de los estudios de los textos y enseñanzas de Andrea Márquez López Mato; Daniel Cardinali, Jaime Moguilevsky y muchos otros amigos.

Muy importante y fructífero ha sido el intercambio de conocimientos en las reuniones, disertaciones y discusiones de y con los docentes y alumnos de nuestros Cursos de Posgrado que he tenido la satisfacción de dirigir y codirigir en nuestra Asociación y en la Escuela de Graduados de la Facultad de Medicina en los últimos años, así como en diversas participaciones en la Facultad de Psicología, ambas de nuestra Universidad Nacional de Córdoba. Lo mismo en la organización y copresidencia del III Congreso de Federación Latinoamericana de Psiconeuroinmuoendocrinología (FLAPNIE) 2012 y del III Congreso Nacional de Medicina del Estrés, también del año 2012.

En todos esos casos, además de las propias actividades académicas, realizábamos excelentes reuniones de café, una buena costumbre que siempre resulta muy enriquecedora, con Alfredo Ortiz Arzelán (Mgter. en PINE y expresidente de FLAPNIE), José Raúl Moyano, un gran médico clínico y profesor de Clínica Médica, el Lic. Ricardo Córdoba Otaduy, la Lic. María Elisa Arrebillaga, el Prof. Juan Carlos Copioli, el Dr. Jorge Eduardo Sosa, la Lic. en Nutrición Mónica Quaranta, los amigos de la Universidad Prof. Dres. Llermanos, Pedro Espinosa, Alfredo Tonda; el Prof. Dr. Eduardo Halac y el Magter. Dr. Pedro R. Vucovich y su recordada esposa la Dra. Graciela Gino que nos introdujo hace años en la problemática del Estrés materno. El Dr. Ricardo Castro Bourdichon que nos diera cabida en los Cursos de Especialidad en Psiquiatría que dirige en el Consejo de Médicos de la Provincia. Y a la larga lista de docentes invitados y cursantes que terminan siendo amigo/as y colaboradore/as.

Por último agradezco el interés, entusiasmo y colaboración de las bioquímicas Dras. María Massa Sileoni y Graciela Lerda que nos han posibilitado estudiar los pacientes incorporando algunas técnicas no tradicionales en nuestro medio a nivel clínico, tales como dosajes de Melatonina e Interleuquinas, entre otras.

Quiero terminar este prólogo transcribiendo una serie de frases seleccionadas que han surgido de los propios alumnos:

El estrés prolongado enferma y si se cronifica, mata.

El estrés laboral se está transformando en un problema epidémico.

El estrés puede ser físico, emocional y laboral, habitualmente es una combinación de los tres.

El estrés laboral (muchas veces denominado síndrome de burnout) ha dado y da lugar a importante cantidad de carpetas médicas mal denominadas "psiquiátricas" y es una de las mayores causas de ausentismo laboral en todo el mundo.

El estrés prolongado es el principal factor de riesgo, la causa principal de las enfermedades cardiovasculares, diabetes tipo II, enfermedades del sistema inmune y cáncer en el mundo desarrollado.

Habrá mayor estrés cuando el "hacer" del ser humano esté más dirigido a "tener" y "parecer" que a "ser".

No se enferman órganos o sistemas aislados, se enferma la persona en su totalidad psicofísica, no un pedazo aislado de la misma.

La persona estresada se enferma, porque ve superada su capacidad para adaptarse y defenderse ante lo que le está ocurriendo, sea ello causado tanto por algo que influye desde su entorno, su medio ambiente o desde su propio interior.

Las áreas cerebrales afectadas por el estrés prolongado o repetitivo son las más primarias, relacionadas emocionalmente con el peligro (miedo, alerta) y luego con la memoria. Son las primeras que se afectan y desequilibran.

Cuando los mecanismos del estrés siguen activados más tiempo de lo que las personas pueden tolerar, enfermarán más tarde o más temprano.

La aparición más rápida o más lenta de enfermedades por estrés dependerá de la personalidad, resistencia y vulnerabilidad de cada uno.

El tan remanido "cambio de la calidad de vida"; no es solo ejercicio, dieta, o cambios en el hábitat (los que pueden). Se trata de algo mucho más profundo: conseguir que el cerebro superior, la razón, la inteligencia, modulen las respuestas emocionales y los comportamientos inadecuados.

P. C.

INTRODUCCIÓN

En la práctica clínica encontramos numerosas situaciones difíciles de encuadrar en un síndrome o enfermedad determinados. Tradicionalmente los médicos hemos recurrido en esos casos a explicaciones diversas sin mayor sustento científico, utilizando palabras como "esencial", "idiopático", o atribuyendo el problema a un impreciso "origen nervioso", o "probablemente virósico", o a una "neurosis", o a trastornos psicosomáticos".

En los últimos tiempos se ha dado en atribuir la aparición de diversos síntomas y trastornos al "estrés", incluyéndolo de esa manera en el territorio de las palabras que usamos para intentar dar una respuesta a lo inexplicable o desconocido. Y de esa manera lo colocamos al estrés en la categoría de los pseudodiagnósticos banalizados por un uso masivo pero incorrecto.

Como integro un grupo de profesionales de la salud que creemos que el estrés es una cosa seria, procuramos estudiarlo lo más severamente que se pueda, porque vemos en nuestra consulta una gran cantidad de personas verdaderamente afectadas por diversas situaciones estresantes que efectivamente dañan su salud, a los que no se les presta la adecuada atención por parte de colegas médicos de las diversas especialidades, psicólogos y otros profesionales, que sin quererlo, contribuyen a esa banalización que refiero.

Los médicos a lo largo de nuestra experiencia construimos nuestro conocimiento, al comienzo estudiando lo que nos enseñan en la Facultad, luego en las primeras prácticas en residencias, guardias y por transmisión de aquellos que devienen en ser de alguna u otra forma nuestros maestros en salas de internación, unidades de emergencia, etc.

Y luego, durante toda la vida por medio de la observación y de lo que nos cuentan las personas que nos consultan. El saber escuchar y la observación construyeron el saber médico a través del tiempo y lo sigue haciendo. A ello le agregamos lecturas, actualizaciones, cursos, maestrías, congresos y eventos similares.

Con ese criterio procuro estudiar los procesos que se producen en los pacientes que concurren a mi consulta y construir mi conocimiento sobre los síntomas, síndromes, trastornos y enfermedades vinculados al estrés apoyándome luego en toda la información básica que brindan la psicoinmunoneuroendocrinología y las neurociencias en general.

Luego sistematizarlos, compararlos y observar su evolución en el tiempo para procurar hacer predictibles comportamientos y hallazgos similares.

Una especie de proceso epistemológico individual de construcción de conocimiento.

La *episteme* en la Grecia clásica era "el conocimiento reflexivo elaborado con rigor"; de allí surge la epistemología como una disciplina que estudia cómo se genera y se valida el conocimiento de las ciencias. Intentando responder diversas preguntas como: ¿qué es el conocimiento?, ¿cómo razonamos?, o ¿cómo comprobamos que lo que hemos entendido es verdad? y a un interrogante que preocupa: ¿por qué debe considerarse un proceso científico?

Porque concebimos que una masa crítica de carácter interdisciplinario, debe posibilitar según Wacquant[1], "la generación de una disposición de un 'hábitus científico', basado en una forma de actuar reflexiva y constructora de teoría desde la actuación práctica y sobre todo por el estudio directo de

---

[1] Wacquant, Loïc: (2007) *Los Condenados de la Ciudad. Gueto, periferias y Estado*, Siglo Veintiuno Editores, Argentina.

situaciones concretas, donde el uso de la teoría sea flexible y oportuna". La reflexividad es un componente esencial del comportamiento estratégico, agrega Bourdieu.[2] El origen de la palabra reflexividad proviene de *re-flectere*, que significa doblarse hacia atrás, por lo que debemos ser capaces de volvernos sobre nosotros mismos y monitorear nuestras propias acciones. En tanto que para Giddens,[3] la reflexividad conlleva una serie de capacidades de captar la realidad, de poder interpretarla y de decidir cómo actuar en ella.

Los ejercicios de aprendizajes, por lo tanto, deben ser oportunidades para que desde la práctica se produzcan nuevas reflexiones teóricas. Es clave rehabilitar el sentido práctico de la teoría como una actividad productora de conocimiento, la exigencia de la teorización debe estar conectada con las obligaciones y realidades prácticas del trabajo empírico (Bourdieu, 2005).

En el marco de una intervención planificada el proceso de conocimiento es por aproximaciones sucesivas, y de modo permanente se avanza de forma hipotética y conjetural (Gómez Galán y Sainz Ollero, 2006). Se considera que la opción epistemológica por la complicidad ontológica debe tomar cuerpo en toda práctica profesional y docente.

Mario Bunge[4] dice que "la epistemología es la filosofía de la ciencia y de la técnica. Se ocupa de analizar y sistematizar conceptos tales como los de: dato empírico, verdad de hecho, hipótesis, ley científica, regla técnica, teoría, experimento, explicación, predicción, artefacto y diseño" y que debe contemplarse "la ambivalencia de la epistemología que puede orientar o extraviar, distinguir o confundir, y fomentar o impedir".

[2] Bourdieu, Pierre y Wacquant, Loïc: (2005) *Una invitación a la Sociología Reflexiva*. Siglo Veintiuno Editores. Argentina.

[3] Giddens, Anthony: (1998) *Más allá de la izquierda y la derecha. El futuro de las políticas radicales*, Edic. Cátedras, España.

[4] Bunge, M.: *La investigación científica*, Barcelona, Ariel, (1969). *La ciencia, su método y su filosofía*, Buenos Aires, Paidós, 1973.

La epistemología para Piaget tiene además un carácter fundamentalmente científico, es decir, teórico y empírico, no metodológico y práctico.

Puede decirse de modo aproximativo que epistemología es la ciencia que trata de conocer la naturaleza del conocimiento humano, en sus principios reales y en su funcionamiento real, los tipos o clases de conocimiento y los caminos o métodos que pueden conducir a su realización correcta en cada caso.

También se la ha vinculado (Javier Monserrat)[5] con "autoobservación de los procesos cognitivos tal y como se dan en su propia experiencia o introspección; observación de la estructura de la experiencia global de la realidad en que el hombre se encuentra, para tratar de entender cómo el hecho del conocimiento humano es en ella un elemento coherente; estudiar cómo se manifiesta el conocimiento, tal como es ejercitado por el hombre en la cultura dentro de la que vive; visión del curso de la historia y del desarrollo del conocimiento científico; finalmente, reflexión científica sobre el conocimiento humano y elaboración de investigaciones sobre él.

Estas reflexiones acerca de la epistemología tienen que ver con la idea que referí antes sobre la forma de construcción del conocimiento en la medicina práctica.

De las observaciones y hechos encontrados en cada persona que consulta pueden inferirse una serie de evidencias clínicas y de laboratorio que se pueden agrupar y correlacionar.

Es probable que ese sea el proceso mental que hacemos constantemente en nuestro quehacer diario y llegue a convertirse en un hábito. Quizá sea el origen del "ojo clínico".

Lo cierto es que esa observación fenomenológica viene siendo utilizada por los médicos desde el fondo de los tiempos y ha sido tan importante que la mayoría de las manifestaciones sintomáticas que se presentaban en diversos trastornos y enfer-

---

[5]Monserrat, J. (1987) *Epistemología evolutiva y teoría de la ciencia,* Madrid, Publicaciones de la Universidad Pontificia de Comillas.

medades fueron descriptas y atribuidas a patologías definidas mucho antes de conocerse científicamente su fisiopatología y sus causas.

La investigación científica fue demostrando luego los factores etiológicos y los mecanismos fisiopatogénicos de las enfermedades, aunque todavía es mucho más lo que no sabemos.

Comencé a observar la aparición de determinada sintomatología, alteraciones en evaluaciones neuropsicológicas y pruebas de laboratorio en relación al estrés y me pareció útil sistematizarlas, con la premisa de la *episteme* "el conocimiento reflexivo elaborado con rigor".

En este texto se observarán diversas planillas que describen las situaciones que podremos encontrar al estudiar una persona estresada, a la sintomatología que presenta cuando concurre a la consulta y su correlación con los demás estudios que se realicen.

Se otorga un puntaje determinado a cada uno de ellos y se obtienen resultados que nos indicarán el grado de estrés que padece.

Las planillas están codificadas para ser procesadas de manera ágil en un sistema específico de software informático.

De esta manera nos proponemos aportar evidencias concretas que faciliten el diagnóstico con la mayor objetividad posible.

No pretendemos de ninguna manera entrar en una discusión sobre objetividad vs. subjetividad ni en un reduccionismo biologista con pretensión materialista de dar cuenta del mundo del espíritu por una mera actividad neuronal, de todas maneras tan compleja, maravillosa y todavía muy poco conocida.

Me quedo con algunos de los conceptos de John Eccles,[6] de origen australiano, que descubrió el mecanismo iónico de excitación e inhibición de las sinapsis cerebrales que le valió

---

[6] Eccles John: (1984) *The Wonder of Being Human.* New York, The Free Press.

el Premio Nobel en 1963. Eccles fue un dualista convencido; calificó su propuesta como "dualismo interaccionista" y defendió con profunda convicción la existencia de realidades o sustancias mentales frente a las puramente físicas en el Universo. En su obra expone los avances científicos que permiten localizar qué partes del cerebro están implicadas en los movimientos voluntarios, pero asume la distinta naturaleza de las realidades mentales con relación a lo puramente físico y no las interpreta como propiedades que nacen como consecuencia de la mera organización de la materia por causas estrictamente naturales. Entiende que esa organización no explica "los sentimientos, las emociones, la percepción de la belleza, la creatividad, el amor, la amistad, los valores morales, los pensamientos, las intenciones... Todo «nuestro mundo», en definitiva".

La pretensión de este libro es solamente hacer un aporte de elementos objetivos y correlacionados que orienten al profesional en el diagnóstico.

También la posibilidad de evidenciar eventuales cambios de esos parámetros en el tiempo, sea por evolución natural o como respuesta al/los tratamientos.

PRIMERA PARTE

DIAGNÓSTICO DE GRADO DE ESTRÉS

CAPÍTULO I

En general en el habla popular y en los medios de comunicación cuando se refieren al estrés se están refiriendo al estrés prolongado o crónico. El mismo Selye decía que debería llamarse distrés a esas situaciones. Pero *vox populi vox dei*, de manera que nosotros también nos acostumbramos a denominar estrés, enfermedades por estrés, etc. al distrés y últimamente estamos acostumbrándonos además a aceptar los "picos de estrés".

Con esto quiero decir que todo lo que se describe en este manual se refiere a estrés prolongado o crónico, no al estrés agudo que es fisiológico y absolutamente necesario para la vida.

Selye describió su mecanismo en tres fases: de alerta o agudo; de vigilancia y resistencia y fase de agotamiento. Cuando hablamos de estrés prolongado o crónico nos referimos a las fases de resistencia y de agotamiento.

La idea es hacer evidentes los cambios que se producen en el organismo en estas fases aplicando una metodología que correlacione la clínica con hallazgos en exámenes neuropsicológicos, cognitivos y bioquímicos y que utilice modernas herramientas informáticas para que podamos aproximarnos al diagnóstico de grado de estrés o distrés.

Calificamos en la práctica al estrés en tres grados:
1. Estrés de leve a moderado
2. Estrés de moderado a severo
3. Estrés severo a grave, en fase de agotamiento

Esta graduación responde al cumplimiento de varios parámetros que surgen de un trabajo interdisciplinario o mejor transdisciplinario entre profesionales de la salud de diversas ramas que está basado en las interacciones que nos permite conocer la Psicoinmunoneuroendocrinología a la que nos referiremos como PINE de ahora en adelante.

Hemos procurado sistematizar y cuantificar el grado de estrés mediante la confección de planillas prácticas para el profesional que recoge los datos en la consulta o entrevista en un consultorio.

La codificación que se observa en las planillas responde a un software en el que se cargan los códigos correspondientes a los efectos de su entrecruzamiento para encuadrar los hallazgos dentro de uno de los grados propuestos así como para su tratamiento estadístico.

En primer lugar se verá la planilla con datos de síntomas clínicos al momento de la consulta, con la valoración subjetiva del propio paciente. Luego planillas con las evidencias objetivas que se obtienen mediante los hallazgos bioquímicos y posteriormente los exámenes neuropsicológicos y las correlaciones correspondientes para calificarlos en los diversos grados.

La planilla de datos clínicos puede contener observaciones subjetivas del paciente y también en algunos códigos, valoraciones objetivas del profesional consultado. Tiene tres casillas donde en caso de presentarse la sintomatología descripta, puede cuantificarse marcando una de ellas. La primera (A) se califica con 2 puntos; la segunda (B) con 4 y la (C) con 6 puntos. Al final se suman scores parciales y un resultado total.

Los datos subjetivos referidos a síntomas psicoemocionales y cognitivos se corroboran luego objetivamente mediante estudios especializados.

Planilla a llenar con datos en la consulta/entrevista

Se califican en Grado A: leve a moderado; B: moderado a severo; C: severo a grave

CÓDIGOS	CALIFICACIÓN Y PUNTAJES	A= 2 p.	B=4 p.	C=6 p.
	1090 TRASTORNOS DEL ESTADO DE ÁNIMO			
1091	DESINTERÉS POR LAS COSAS EN GENERAL			
1092	DESINTERÉS POR LAS COSAS QUE DEBE HACER - ABULIA			
1093	PÉRDIDA CAPACIDAD DE DISFRUTAR (ANHEDONIA)			
1094	FALTA DE MOTIVACIONES			
1095	HARTAZGO			
1096	CAMBIOS DE HUMOR			
1097	IRRITABILIDAD			
1098	PENSAMIENTOS NEGATIVOS RECURRENTES			
1099	TEDIO			
1020	PÉRDIDA DE CAPACIDAD DE HACER (EJECUTIVIDAD)			
1021	DESCUIDO DE ASEO Y ASPECTO PERSONAL			
1022	DESESPERANZA			
1023	FRUSTRACIÓN			
1024	INTOLERANCIA			
RESULTADOS POSITIVOS (SUBJETIVOS)	GRADO I : =/ > A 4 RESULTADOS POSITIVOS A GRADO II:=/> A 3 A + 3 B GRADO III:=/> ANTERIOR MÁS 2 RESULTADOS C	=/>8	=/>18	=/>30
	2000 NERVOSISMO - ANSIEDAD			
2001	ESTADOS DE ANSIEDAD CADA VEZ MÁS FRECUENTE			
2002	ESTADOS DE ANSIEDAD MAYOR A SEIS MESES			
2003	CRISIS DE ANGUSTIA			
2004	AUMENTO DE LA SENSACIÓN DE MIEDO			
2005	RECHAZO A PERSONAS			
2006	RECHAZO AL LUGAR DE TRABAJO			
2007	FOBIA A ALGO ESPECÍFICO			
2008	SENSACIÓN DE PÁNICO			
RESULTADOS POSITIVOS (SUBJETIVOS)	G I : =/> 2 RESULTADOS POSTIVOS A GII: =/> 2 RESULTADOS POSITIVOS B GIII: =/> ANTERIOR MÁS 1 RESULT. C O DOS RESULT. C	=/>4	=/>8	=/>12
	2010 COGNITIVOS			
2011	FALTA DE CONCENTRACIÓN			
2012	DIFICULTAD EN PRESTAR O FOCALIZAR LA ATENCIÓN			
2013	PÉRDIDA DE MEMORIA DE LO INMEDIATO (DE TRABAJO)			
2014	PÉRDIDA DE MEMORIA DE LO ANTERIOR (RETRÓGRADA)			
2015	PERCEPCIÓN DE HOSTIGAMIENTO(MOBBING) - ACOSO			
2016	SENSAC. DE INDEFENSIÓN			
2017	SENSAC. DE INJUSTICIA			

RESULTADOS POSITIVOS (SUBJETIVOS)	**G I : = / > 2 RESULTADOS POSITIVOS A** **GII: = / >2 RESULTADOS POSITIVOS B** **GIII: = />ANTERIOR MÁS 1 RESULT. C O DOS RESULT. C**	=/>4	=/>8	=/>12
	2020 EN RELACIÓN AL LUGAR/TIPO DE TRABAJO			
2021	IDEAS RECURRENTES DE DEJAR EL TRABAJO			
2022	AUMENTO DEL AUSENTISMO			
2023	DIFICULTADES DE RELACIÓN CON COMPAÑEROS			
2024	JUBILACIÓN PRÓXIMA			
2025	JUBILACIÓN RECIENTE			
2026	SENSACIÓN DE FRACASO DE SU VIDA ÚTIL			
2027	MIEDO AL DESPIDO			
2028	DISTRACCIONES			
2029	TOMAR MÁS RIESGOS			
2030	ACCIDENTES RECIENTES			
RESULTADOS POSITIVOS (SUBJ/OBJ.)	**G I : =/> 3 RESULTADOS POSTIVOS A** **GII: =/> 2 RESULTADOS POSITIVOS B** **GIII: =/> EL ANTERIOR MÁS 1 RESULT. C**	=/>6	=/>8	=/>14
	2040 CONFLICTOS RELACIONALES			
2041	MALA RELACIÓN/AUMENTO CONFLICTOS FAMILIARES			
2042	MALA RELACIÓN DE PAREJA			
2043	RUPTURA RECIENTE DE PAREJA			
RESULTADOS POSITIVOS (SUB/OBJ)	**G I : =/> 1 RESULTADO POSITIVO A** **GII: =/> 1 RESULTADO POSITIVO B** **GIII: =/> 1 RESULTADO POSITIVO C**	=/>2	=/>4	=/>6
	2050 ABUSOS - TEPT			
2051	HISTORIA DE ABUSOS EN LA INFANCIA O ADOLESC.			
2052	HISTORIA DE VIOLENCIA DE GÉNERO			
2053	HISTORIA DE VIOLENCIA FAMILIAR			
2054	HISTORIA DE ESTRÉS POSTRAUMÁTICO			
2055	ANTECEDENTES HEREDITARIOS DE IMPORTANCIA			
RESULTADOS POSITIVOS (SUBJ/OBJ)	**G I : =/> 1 RESULTADO POSITIVO A** **GII: =/> 1 RESULTADO POSITIVO B** **GIII: =/> 1 RESULTADO POSITIVO C**	=/>2	=/>4	=/>6

	SINTOMATOLOGÍA CLÍNICA	LEVE	MOD.	MARC.
	1000 DIGESTIVA			
1001	GASTRITIS PROLONGADA O RECURRENTE			
1002	GASTRITIS AGUDA			
1003	INTESTINO IRRITABLE			
1004	REFLUJO GASTROESOFÁGICO			
1005	NÁUSEAS			
	1010 ALGIAS			
1011	CEFALEAS EN EL TRABAJO			

1012	JAQUECAS AL SALIR DEL TRABAJO			
1013	CONTRACTURAS MUSCULARES CERVICODORSALES			
1014	ÍDEM LUMBARES			
1015	ATM/BRUXISMO			
	1020 SUEÑO			
1021	DIFICULTAD CONCILIAR SUEÑO			
1022	DESPERTARES MADRUGADA			
1023	SOMNOLENCIA DIURNA			
	1030 CANSANCIO			
1031	CANSANCIO EXCESIVO			
1032	LEVANTARSE CANSADO/A			
1033	DEBILIDAD / PÉRDIDA DE FUERZA			
1034	PÉRDIDA DE LÍBIDO			
	1040 CARDIOVASCULARES Y RESPIRATORIOS			
1041	DOLOR DE PECHO			
1042	PALPITACIONES / ARRITMIAS			
1043	AUMENTOS DE LA PRESIÓN ARTERIAL			
1044	SENSACIÓN DE ASFIXIA			
1045	HIPOTENSIÓN			
	1050 PIEL Y FANERAS			
1051	MANCHAS EN LA PIEL			
1052	ENFERMEDADES DE LA PIEL (PSORIASIS, ECZEMAS, ETC.)			
1053	PRURITO / URTICARIA			
1054	CAÍDA DE CABELLO			
1055	PLACAS DE ALOPECIA			
	1060 NEUROLÓGICOS			
1061	MAREOS			
1062	VÉRTIGOS			
1063	VÉRTIGO POSICIONAL			
1064	TICS/ ESPASMOS MUSCULARES/TEMBLOR			
1065	MIGRAÑA EN HEMICRÁNEA			
RESULTADOS POSITIVOS	**G I : =/> 1 RESULTADO POSITIVO A** **GII: =/> 1 RESULTADO POSITIVO B** **GIII: =/> 1 RESULTADO POSITIVO C**	**=/>10**	**=/>18**	**=/>30**
	1070 DESÓRDENES ALIMENTARIOS			
1071	DE TIPO BULÍMICO			
1072	DE TIPO ANORÉXICO			
1073	ANTECEDENTES DE TRATAM. POR BULIMIA/ANOREXIA			
1074	ATAQUES DE "ATRACONES"			
1075	COMIDAS DESORDENADAS			
RESULTADOS POSITIVOS	**G I : =/> 1 RESULTADO POSITIVO A** **GII: =/> 1 RESULTADO POSITIVO B** **GIII: =/> 1 RESULTADO POSITIVO C**	**=/>2**	**=/>4**	**=/>6**
	1080 INMUNODEPRESIÓN			
1081	VIROSIS RESPIRATORIAS A REPETICIÓN			
1082	PRESENCIA DE HELYCOBACTER PILORI			
1083	HERPES			
1084	HPV			
1085	OTROS			

RESULTADOS POSITIVOS		**G I : =/> 1 RESULTADO POSITIVO A** **GII: =/> 1 RESULTADO POSITIVO B** **GIII: =/> 1 RESULTADO POSITIVO C**	=/>2	=/>4	=/>6
		2060 ANTECEDENTES PERSONALES			
	2061	DE ENFERMEDADES PSIQUIÁTRICAS			
	2062	DE ENFERMEDADES NO COMUNES			
	2063	DE INTERVENCIONES QUIRÚRG. DE ALTA COMPLEJ.			
	2064	DE INTERVENCIONES QUIRÚRG. DE BAJA COMPLEJ.			
	2064	DE DESNUTRICIÓN DE SU MADRE EN EMBARAZO			
	2065	DE ESTRÉS DE SU MADRE EN EMBARAZO			
	2066	DE ENFERMEDAD CORONARIA RECIENTE			
	2067	DE ENFERMEDAD CEREBROVASCULAR RECIENTE			
	2067	DE DIABETES TIPO I			
	2068	DE INSULINO RESISTENCIA O DIABETES TIPO II RECIENTE			
	2069	OTROS (agregar)			
RESULTADOS POSITIVOS		**G I : =/> 1 RESULTADO POSITIVO A** **GII: =/> 1 RESULTADO POSITIVO B** **GIII: =/> 1 RESULTADO POSITIVO C**	=/>2	=/>4	=/>6
		2030 HÁBITOS TÓXICOS			
	2031	INCREMENTO TABACO			
	2032	INCREMENTO ALCOHOL			
	2033	DROGAS			
	2044	VIOLENCIA VERBAL			
	2045	VIOLENCIA FÍSICA			
	2046	LUDOPATÍAS			
	2047	SEXOPATÍAS			
	2048	OTROS			
	2079	SITUACIONES ABANDÓNICAS			
	2080	PADRES A SU CUIDADO			
	2081	CUIDADOR/A DE OTRAS PERSONAS (DISCAP./TERMIN.)			
RESULTADOS POSITIVOS		**G I : =/> 1 RESULTADO POSITIVO A** **GII: =/> 1 RESULTADO POSITIVO B** **GIII: =/> 1 RESULTADO POSITIVO C**	=/>2	=/>4	=/>6
RESULTADOS GENERALES POSITIVOS		**ESTRÉS GRADO I** **ESTRÉS GRADO II** **ESTRÉS GRADO III**	=/>44	=/>84	=/>122

CAPÍTULO II

DESCRIPCIÓN Y EVALUACIÓN DE HALLAZGOS DE LABORATORIO BIOQUÍMICO

Los estudios de laboratorio de análisis clínicos son interpretados según las concepciones que imperen en las distintas especialidades en que se ha fragmentado la práctica médica. En general, en muchos estudios que son útiles en la evaluación del estrés, los valores que se indican como normales en los informes de laboratorio estandarizados tienen una gran dispersión entre valores máximos y mínimos, de manera que solo pueden estar por encima o por debajo de esas cifras un número limitado de enfermedades completamente instaladas.

No es fácil proponer un cambio de paradigmas que analice los valores de laboratorio en el contexto de la observación integral de la totalidad de la persona, su edad, sexo, estrato sociocultural, alimentación, tipo de trabajo y sus síntomas clínicos.

El clínico, considerando como práctica clínica la de cualquier médico, psicólogo, nutricionista, fisioterapeuta, etc. que sea consultado por una persona que sufre cualquier tipo de dolencia sea real o imaginaria, debe considerar los valores del laboratorio en el contexto de esa persona que sufre.

Y en tal caso se encontrará con muchos "grises", con situaciones que no son "blanco o negro" y que pueden ser interpretadas como indicadores de que se va en camino a algún trastorno o enfermedad. Ese es el sentido de la prevención en salud y esa es la idea que intentamos transmitir en este texto, revisando los exámenes que consideramos más importantes en relación al estrés.

Cortisol en plasma medido a las 08,00 h y 16 h

Está bastante difundido el concepto de que el *cortisol* es "la hormona del estrés". Una forma de banalizar aún más todo lo referido al estrés, puesto que esa generalización tiende a quitar importancia real a su correcta valoración.

Los valores considerados normales que informan los laboratorios bioquímicos utilizando diversos métodos tienen como remarqué, una dispersión muy grande que los llegan a fijar entre valores de mínimo y máximo de 2,5 y 19 o de 5/20 y hasta 25 ug/dl, considerando que deben valorarse determinaciones matutinas a las 08,00 h y vespertina a las 16 h, que arroja valores aproximadamente de la mitad de la matutina. Esos valores deben ser eventualmente menores por la noche. Por ser la más difundida y a modo de ejemplo tomamos los valores de 5/20 ug/dl.

Esta forma de evaluación de la normalidad está considerada para los extremos de la patología adrenal, la insuficiencia (Enfermedad de Addison) o las formas de Cushing primario o secundario con excesiva formación de *cortisol* y/ ACTH. En caso de dudas se pueden evaluar los resultados con pruebas de estimulación para diagnóstico.

Los clínicos en su práctica van a encontrar con mucha frecuencia otros valores cuando se estudia el estrés. Valores que habitualmente no se consideran, dado que las cifras que se colocan en los informes comunes de los laboratorios bioquímicos dan como dijimos, mínimos y máximos "normales" muy dispersos. Nada expresan sobre valores intermedios y curvas circadianas aplanadas o invertidas, con resultados relativos matinales y vespertinos sin proporción alguna que serían presuntamente normales porque están dentro de esos máximos y mínimos. En realidad muchos de esos casos están mostrando un funcionalismo adrenal que nada tiene de normal y que puede y debe correlacionarse con la clínica que presentan los diversos pacientes.

Veremos también que con frecuencia se encuentran valores por encima de los máximos en situaciones de estrés prolongado, lo que está lejos de significar que existe una enfermedad de Cushing y otras veces valores por debajo del mínimo en situaciones de agotamiento que no constituyen la típica enfermedad de Addison.

En Medicina del Estrés debemos observar las variaciones de las cifras de cortisol desde otro punto de vista, *siempre considerando la íntima relación entre el cortisol y la energía que necesitamos para afrontar las contingencias de la vida.*

En principio, debemos considerar como valores normales los que se acerquen a los promedios de los métodos utilizados con una desviación estándar de un 20% en más o en menos manteniendo la proporcionalidad entre valores vespertinos de aproximadamente la mitad de los matutinos.

A partir de esta consideración evaluaremos las cifras que nos informe el laboratorio. En general el análisis se efectúa unos días después de la primera consulta donde el paciente ya recibió algún tipo de contención e información sobre su estado. Esto es bueno porque los resultados no están tan influenciados por la movilización emocional del momento de la consulta.

Debemos recordar que normalmente en los grupos poblacionales existe una cierta cantidad de personas (hasta un 25 a 30% en nuestro país) que naturalmente tiene valores de cortisol bastante por debajo de los valores promedio. Esto responde a causas genéticas o epigenéticas, ancestrales, de tipo adaptativo a climas y condiciones naturales de las distintas regiones donde se asentó el ser humano a lo largo de su evolución.

Este comportamiento del cortisol corresponde a lo que denominamos eje neuroendócrino hiporreactivo. Más adelante se analizará específicamente su significado.

Podremos encontrarnos con diversas situaciones que vamos a presentar, que incluso en algunos casos por su magnitud pueden ameritar repetir en unos días el estudio para despejar dudas si las hubiere.

1. **Estrés leve a moderado**

   En estos casos los valores pueden ser normales o encontrar valores con desviaciones en más o en menos, en ambas determinaciones y de manera correlacionada que superan el 20% del *promedio.*

   También se puede encontrar que lo que esté aumentado sea solo el valor vespertino por encima de la proporcionalidad que debe guardar con el matutino, tanto en valores promedio como en desviaciones en más o en menos.

   Como ejemplo, en casos que encuadran muy bien desde el punto de vista clínico y neuropsicológico podemos encontrar valores de 19 (Mx 20) a la mañana y 10 a la tarde, es decir valores normales pero por encima de los promedios. O solo con valores vespertinos más elevados (ej. 16/12).

   Podremos considerar también como de grado moderado los casos que presentan alteraciones de la curva circadiana donde el cortisol vespertino supere el 20 % de la mitad del matutino como vimos en el ejemplo anterior.

   Deben tenerse en cuenta los casos con posible eje neuroendócrino hiporreactivo en los que seguramente se informarán valores bajos p. ej. 8/6. En todos estos casos las cifras de laboratorio deben ser consideradas en el contexto de la clínica del paciente. Encontraremos estos valores en la mayor parte de quienes tienen antecedentes de Estrés Postraumático, abusos, en pacientes con Fibromialgia y/o Síndrome de Fatiga crónica, también frecuentemente en pacientes que consultan por estrés provocado por hostigamiento, mobbing o bullying, entre otras formas de acoso. En todos estos casos existe una vulnerabilidad mucho mayor al estrés.

En pacientes adultos con historia de estrés crónico severo podemos encontrar valores bajos en la fase de agotamiento del sistema. Debe considerarse la posibilidad de agotamiento adrenal configurando un síndrome de fatiga adrenal. Habitualmente se trata de pacientes estresados crónicos, muy deprimidos.

A efectos didácticos propusimos al comenzar nuestros estudios sobre marcadores de estrés, la siguiente clasificación de los valores de *cortisol plasmático* que agrupamos con códigos que van de C1 a C8.[1] Hemos agregado ahora una categoría "c.9.): Cortisol notoriamente bajo con inversión o aplanamiento de la curva circadiana".

C1.CORTISOL NORMAL (+ - 20% de los valores promedio del método)
C2.CORTISOL NORMAL O BAJO CON ANTECEDENTES DE TEPT
C3.CORTISOL NORMAL O BAJO POR CAUSAS NO ESPECÍFICAS.
C.4.CORTISOL POR ENCIMA DE LO NORMAL EN UNA O LAS DOS DETERMINACIONES
C.5.CORTISOL NORMAL O BAJO CON INVERSIÓN O APLANAMIENTO DE LA CURVA CIRCADIANA
C6.CORTISOL ELEVADO > AL LÍMITE SUPERIOR C/ INVERSIÓN CURVA CIRCADIANA
C7.CORTISOL ELEVADO > AL LÍMITE SUPERIOR EN LAS DOS DETERMINACIONES
C.8.CORTISOL ELEVADO > AL LÍMITE SUPERIOR EN DETERMINACIÓN MATUTINA
C.9. CORTISOL NOTORIAMENTE BAJO CON INVERSIÓN O APLANAMIENTO DE LA CURVA CIRCADIANA

---

[1] Cólica P.R. (2010) *El síndrome de estrés de los Call Center*, Córdoba. Ed. Brujas.

2. **Estrés de moderado a severo**

    a) En principio cuando los valores matinal y vespertino superan más allá del 20% de los valores máximos o si únicamente el valor vespertino es el que supera ese porcentaje.

En estos casos podemos considerar que el paciente sufre un estrés prolongado, y se encuentra en fase de resistencia.

    b) Cuando el incremento es predominante a la mañana, se debe considerar si el valor vespertino conserva la proporcionalidad. Es común que en estos casos ese valor de la tarde sea significativamente más bajo de la mitad del matutino, lo que coincide con que el paciente refiera que comienza relativamente bien el día, pero se agota rápidamente y esté sufriendo episodios depresivos que alternan con ansiedad o ya está con una depresión instalada tal como ocurre en el comienzo de la fase de agotamiento del estrés.

    c) Si los valores están más de un 30% por debajo de lo normal va a ser diferente la valoración de los datos según la franja etárea del paciente.

    c.1) Si se trata de pacientes jóvenes (menores de 35 años) es probable que se trate de portadores de eje neuroendócrino hiporreactivo de origen genético. En tal caso debemos valorar si las cifras guardan proporcionalidad circadiana, lo que puede interpretarse como normal según la clínica y demás exámenes.

    c.2) Cuando se pierde la proporcionalidad se podrán encontrar valores iguales a la mañana y la tarde (p.ej. 6/6) o totalmente invertidos (p.ej. 4/8) que deben ser valorados como positivos para establecer grado de compromiso.

    c.3) Si esos valores se encuentran en pacientes adultos deben tomarse en cuenta otras posibilidades además de la anterior, como la que constituye el síndrome de fatiga adrenal que acompaña a los estados de estrés crónico o depresión.

En todos los casos de cortisol bajo deben correlacionarse otros parámetros, uno de los principales es la determinación conjunta de Dehidroepiandrosterona (DHEA Sulfato) junto al cortisol matutino y vespertino, cuya curva fisiológica debe tener valores cercanos al promedio (declinantes según la edad del paciente) y siempre con una *relación circadiana inversa a la del cortisol.*

Los valores bajos de DHEA pueden corroborar un cuadro de insuficiencia adrenal por fatiga adrenal o fase de agotamiento y la pérdida de su ritmo circadiano corrobora el diagnóstico de estrés crónico y/o depresión.

Si los valores de cortisol son extremadamente bajos, se pide también determinación de ACTH. Además pueden realizarse pruebas de estimulación de considerarse necesarias para descartar Addison.

3.   Estrés severo a grave, en fase de agotamiento con depresión

Los parámetros son similares al grupo anterior. Los valores de cortisol están mucho más alejados de los valores normales encontrándose casos extremos que pueden ser informados como "> de 50 ug/dL" o "menores a 2,5 ug/dL", que seguramente obligarán a descartar otras patologías mediante imágenes, pruebas de supresión, etc.

Pero en el contexto clínico del *estrés crónico y la depresión reactiva* no es tan raro encontrar valores tan extremos y antes de solicitar estudios más complejos conviene repetir el *cortisol plasmático* luego de 15 a 20 días de tratamiento.

En ciertos casos en esta fase pueden encontrarse niveles de cortisol extremadamente bajos, con valores similares a la mañana y tarde (p.ej. 5/4,5) o invertidos (4/6ug.dl) con todos los parámetros clínicos de estrés crónico y/o depresión instalada.

Reiteramos que puede evaluarse que se trate de pacientes estresados crónicos que originalmente tengan un eje neuroendócrino hiporreactivo, o que los valores bajos se produzcan por agotamiento de las glándulas suprarrenales. Nuevamente la DHEA ayuda a clarificarlo.

Este último hallazgo es frecuente de encontrar como ya señalamos, en pacientes estresados o deprimidos con Fibromialgia, Síndrome de Fatiga crónica y otros síndromes que configuran el Síndrome Sensitivo (o químico) central.[2]

Conclusión: La valoración del cortisol es un dato objetivo muy importante en el diagnóstico de grado de estrés y debe ser considerada en el contexto clínico, correlacionando con otros parámetros bioquímico y evaluaciones neuropsicológicas y neurocognitivas.

SEROTONINA PLAQUETARIA Y TRYPTOFANO PLASMÁTICO

Como en el caso anterior los valores están sumamente dispersos. Trabajamos determinando el nivel de Serotonina Plaquetaria que según diversos estudios científicos correlaciona mejor con el nivel de serotonina cerebral por utilizar el mismo mecanismo del transportador de serotonina que el SNC.

Los valores normales van de 101 a 250 ng/ml y como en la mayoría de las determinaciones debemos evaluar como normales los valores promedio.

Los valores de serotonina se encuentran bajos en la mayoría de las situaciones de estrés y son más bajos en los grados de moderado y severo así como en la depresión. Algunos autores correlacionan determinados porcentajes de déficit, de menor a mayor, con ansiedad, depresión y hasta con trastornos obsesivos cuando los valores son un cuarenta por ciento por debajo del límite inferior de lo normal.

---

[2]MacHale SM y otros. (1998) Diurnal variation of adrenocortical activity in chronic fatigue syndrome. *Neuropsychobiology* 38:213.

Es difícil saber cuál es el valor normal porque no existen estudios epidemiológicos al respecto. Lo cierto es que en nuestros estudios encontramos que predominan valores bajos y no podemos sustraernos a la idea de que para que esto esté ocurriendo, además de lo particular de cada uno, importa en gran medida la sensación general de malestar o estrés psicosocial.

De todas maneras, encontramos de manera estadísticamente válida que la serotonina se encuentra habitualmente:

a) **Estrés leve a moderado**: en valores cercanos a los límites inferiores a lo normal (101 ng/ml).
b) **Estrés y depresión de grado moderado a severo**: valores por debajo del límite inferior (hasta 90 ng/ml).
c) **Estrés severo a grave, en fase de agotamiento y depresión severa:** valores menores a 90 ng/ml.

Los valores de serotonina deben correlacionarse con los del Tryptofano en plasma (sus valores normales van de 6,1 a 16,3 ug/ml) que habitualmente son proporcionales con serotonina.

Pero es necesario recalcar que en algunos casos puede haber Serotonina proporcionalmente más baja que los valores de laboratorio de Tryptofano.

EL *Tryptofano* en plasma, como señalamos, en general acompaña proporcionalmente a la Serotonina plaquetaria. Por procesos enzimáticos (5-Hidroxilación) se forma el intermediario 5-hidroxitriptófano que es el que atraviesa la barrera hematoencefálica, compuesto precursor de las aminas biológicamente activas serotonina y melatonina.

A partir de esa instancia la Serotonina que va a utilizarse como neurotransmisor se forma en el SNC.

Cuando encontramos valores bajos de triptófano en plasma generalmente correlacionan positivamente con los de serotonina plaquetaria. Las plaquetas no forman serotonina, solo lo transportan.

La mayor parte de la serotonina actúa como neurotransmisor en el "pequeño cerebro" del sistema gastrointestinal.

En algunos casos la proporcionalidad serotonina-triptofano no se mantiene porque cuando el estrés se prolonga se produce una alteración enzimática con desvío de la conversión metabólica de Tryptofano a Serotonina (por disminución de una enzima IDO) de manera que se produce un incremento de la vía de las kinureninas, produciéndose ácidos kinurénico y quinolínico, neurotóxicos a nivel neuronal, sobre todo el último.

De manera que debemos estar alertas ante estos hallazgos que en realidad pueden indicar que el triptófano no baja tanto como la serotonina porque se está desviando a esa vía neurotóxica.

En estos casos se provoca un mayor compromiso neurocognitivo por neurotoxicidad, aún con valores de cortisol no demasiado alterados que puede estar evidenciándose por la clínica que presenta el paciente.

Es común encontrar en la consulta que el paciente refiera disminución de su capacidad de focalizar la atención, dificultades para concentrarse y pérdida de memoria rápida. Síntomas clínicos que asustan mucho a pacientes adultos y que pueden encuadrarse en un diagnóstico de Déficit Cognitivo Leve. En los más jóvenes la sintomatología se asemeja a los trastornos de atención dispersa y al Trastorno Evolutivo del lóbulo Frontal TELF.[3]

Habitualmente, estos síntomas se presentan además con un marcado trastorno de ansiedad y en muchos casos estos trastornos se producen por mecanismos ligados al estrés prolongado.

---

[3] Arebillaga M.E., Schwartz Cecilia. (2010) *Trastorno Evolutivo del Lóbulo Frontal.* Presentado en el IX Congreso de la Asoc. Neuropsiquiátrica Argentina. Buenos Aires.

Correlacionando los valores de Cortisol y Serotonina podemos inferir que:

I) **Estrés leve a moderado:**

C2. Cortisol normal o bajo con antecedentes de tept
C3. Cortisol normal o bajo por causas no específicas
C.4. Cortisol por encima de lo normal (20% del promedio) en una o las dos determinaciones
Serotonina en valores cercanos a los límites inferiores a lo normal (101 ng/ml)
Triptofano ídem hasta 6,1 mg/ml y hasta un 20% por encima

II) **Estrés y depresión de grado moderado a severo:**

C.5. Cortisol normal o bajo con inversión de la curva circadiana
C6. Cortisol elevado > al límite superior c/inversión curva circadiana
C7. Cortisol elevado > al límite superior en las dos determinaciones
Serotonina: valores por debajo del límite inferior (hasta 90 ng/ml)
Triptófano: cercano a lo normal hasta 10 % por encima o por debajo de lo normal

III) **Estrés severo a grave, en fase de agotamiento y/o depresión severa:**

C6. Cortisol elevado > al límite superior c/inversión curva circadiana
C7. Cortisol elevado > al límite superior en las dos determinaciones

C.8. CORTISOL elevado > al límite superior en determinación matutina C9. CORTISOL bajo con inversión a aplanamiento de la curva circadiana
SEROTONINA: valores menores a 90 ng/ml.
TRIPTOFANO: valores > 10% por debajo de lo normal (se debería investigar kinureninas si el valor es normal o superior a lo normal).

La correlación de Cortisol y Serotonina con la sintomatología clínica *es habitualmente suficiente para orientar el diagnóstico de grado de estrés*. Se van incorporando otros valores a las tablas que sirven para corroborarlo.

Mopeg - Homovanílico

El Ácido Metil Hidroxi Phenil Glucol (MOPEG) es un metabolito de la Noradrenalina (NA) que según diversos estudios correlaciona mejor con los valores de este neurotransmisor a nivel del SNC.

Ácido Homovanílico es un metabolito que correlaciona con la Dopamina a nivel central.

Se pueden determinar en orina de 24 h con un sistema de recolección bastante poco práctico. Actualmente se han puesto en marcha técnicas más fáciles de usar para determinarlo en sangre.

Nos interesa su determinación en estrés crónico y depresión. Por lo tanto estaremos evaluando valores que eventualmente se encuentran descendidos, en valores mínimos o por debajo de lo normal.

Los métodos bioquímicos obligan a privar a los pacientes durante tres días de determinados alimentos que contengan vainilla y otras sustancias que pueden aumentar los valores a estudiar. No nos interesa mucho someter al paciente a dietas especiales diseñadas para cuando se exploran estados hiper catecolaminérgicos, como feocromocitoma o ciertos tipos de hipertensión arterial, etc. Tampoco consideramos necesario determinar MOPEG en estados de estrés agudo porque, obviamente se encontrará aumentado.

En consecuencia, nos interesan los valores que encontremos en la vida habitual del paciente según presenten sintomatología clínica de estrés prolongado o en fase de agotamiento y depresión y en tal caso el grado de disminución de estos metabolitos.

Cuando el estrés se prolonga, en fase de resistencia, comienza a declinar la producción de NA y Dopamina a nivel central, decremento que aumenta a medida que se entra en fase agotamiento y depresión.

Por eso nos interesa lo que pasa con ese neurotransmisor en estado de vida habitual; es decir, nos interesan los valores "a la baja".

De esta manera podemos agregar otra correlación útil sumadas a las anteriores:

1) **Estrés leve a moderado**: valores de MOPEG y HVA normales bajos o levemente por debajo del promedio.

2) **Estrés moderado a severo**: valores de MOPEG por debajo de lo normal y de HVA en límite inferior o levemente por debajo.

3) **Estrés severo a grave y/o depresión instalada**: Valores por debajo de lo normal de ambos neurotransmisores.

También puede determinarse Feniletilamina que en general presenta curvas similares.

Podemos entonces complejizar nuestro cuadro de laboratorio:

I) **Estrés leve a moderado**:

C2. Cortisol normal o bajo con antecedentes de tept
C3. Cortisol normal o bajo por causas no específicas
C.4. Cortisol por encima de lo normal (25% del promedio) en una o las dos determinaciones
Serotonina en valores cercanos a los límites inferiores a lo normal (101 ng/ml)
Triptofano ídem hasta 6,1 mg/ml y hasta un 20% por encima
Mopeg y hva normales, normales bajos (por debajo del promedio)

II) **Estrés y depresión de grado moderado a severo**:

C.5. Cortisol normal o bajo con inversión de la curva circadiana
C6. Cortisol elevado > al límite superior c/inversión curva circadiana

C7. Cortisol elevado > al límite superior en las dos determinaciones
Serotonina: valores por debajo del límite inferior (hasta 90 ng/ml)
Triptófano: cercano a lo normal hasta 10 % por encima o por debajo de lo normal
Mopeg por debajo de lo normal hva en límite inferior o levemente por debajo

III) **Estrés severo a grave, en fase de agotamiento y depresión severa:**

C6. Cortisol elevado > al límite superior c/inversión curva circadiana
C7. Cortisol elevado > al límite superior en las dos determinaciones
C.8. Cortisol elevado > al límite superior en determinación matutina C.9. Cortisol bajo con inversión a aplanamiento de la curva circadiana
Serotonina: valores menores a 90 ng/ml.
Triptofano: valores > 10% por debajo de lo normal (se debería investigar kinureninas si el valor es normal o superior a lo normal)
Mopeg y hva valores por debajo de lo normal de ambos neurotransmisores

PROLACTINA

Esta hormona se encuentra aumentada en plasma en estados de estrés agudo y tiende a normalizarse e incluso disminuir cuando el estrés se prolonga. En el estrés agudo parece tener un importante papel en la estimulación del sistema inmunológico y frenando la producción de melatonina para mantener el estado de vigilia y alerta necesario para enfrentar la situación aversiva.

Es útil en la práctica para reconocer estados de estrés agudo y una posible reagudización de estrés prolongado o crónico.

Hoy se la considera también como una citoquina que se forma en tejidos extrahipofisarios, entre ellos las neuronas.

Estados de hiper prolactinemia prolongados (adenomas hipofisarios, etc.) cambian su acción fisiológica y afectan negativamente al sistema inmune.

IG A SECRETORA SALIVAL - CD4 Y CD8

Estas determinaciones ofrecen información sobre el estado inmunológico relacionado al estrés que sufre el paciente.

La Inmunoglobulina A secretora es protectora de las mucosas respiratoria, digestiva y ginecológica en toda su extensión. Se encuentra sujeta a variaciones rápidas relacionadas con estados de estrés que se manifiestan clínicamente por afectación de dichas mucosas por virus, bacterias y hongos, de manera que se identifica con aquello de la sabiduría popular que vincula estados emocionales con resfríos, rinitis, bronquitis, gastritis, etc.

De hecho, existen numerosas observaciones que revelan la disminución de este parámetro en situaciones de estrés provocado experimentalmente.

Es útil correlacionar Ig A secretora con Prolactina que se incrementa como vimos, para descartar estrés agudo o reagudizaciones, puesto que sus valores permanecen bajos en estados de estrés prolongado.

Nos interesa observar el comportamiento de la IG A secretora salival en las enfermedades por estrés, donde la disminución que se encuentra en casos de estrés prolongado y crónico es signo de inmunodepresión y vulnerabilidad a enfermedades infecciosas.

En nuestras observaciones vemos con frecuencia en estos casos combinarse con disminución porcentual de CD8 por debajo de los valores mínimos normales, muchas veces con CD4 normales.

I) **Estrés leve a moderado**:

C2. CORTISOL normal o bajo con antecedentes de tept
C3. CORTISOL normal o bajo por causas no específicas
C.4. CORTISOL por encima de lo normal (20% del promedio) en una o las dos determinaciones
SEROTONINA en valores cercanos a los límites inferiores a lo normal (101 ng/ml)
TRIPTOFANO ídem hasta 6,1 mg/ml y hasta un 20% por encima
MOPEG y HVA normales, normales bajos o por debajo del promedio
PROLACTINA: puede estar elevada (valores no > del 30% máximo normal)
IgA secretora normal o baja. CD4 y CD8 normales
PCR ULTRASENSIBLE normal, valores bajos. IL 1 y 6 normales
a) Curvas de GLUCEMIA E INSULINA normales o b) Glucemia posestímulo similar a ayunas o más baja con Insulina normal c) Glucemia normal con Insulina baja en ambas determinaciones
TSH normal o por encima del promedio (salvo patología tiroidea previa)

II) **Estrés y depresión de grado moderado a severo**:

C.5. CORTISOL normal o bajo con inversión de la curva circadiana
C6. CORTISOL elevado > al límite superior c/inversión curva circadiana
C7. CORTISOL elevado > al límite superior en las dos determinaciones
SEROTONINA: valores por debajo del límite inferior (hasta 90 ng/ml)
TRIPTÓFANO: cercano a lo normal hasta 10 % por encima o por debajo de lo normal

Mopeg por debajo de lo normal - hva en límite inferior o levemente por debajo
Prolactina normal
Iga secretora en valores normales cercanos al inferior o por debajo de lo normal
Cd4 normal y cd8 normales a porcentualmente bajas
Pcr ultrasensible normal en valores cercanos al mx o levemente aumentada Il 1 normal e il 6 normal o elevada
A) curvas de glucemia e insulina normales o B) glucemia posestímulo similar a ayunas o más baja con insulina normal C) glucemia normal con insulina baja en ambas determinaciones D) glucemia normal o elevada con insulina aumentada posestímulo 5 veces o más
Tsh elevada con criterio de hipotiroidismo subclínico (exc. Pac. En tratamiento) Apo normal o levemente aumentado

III) **Estrés severo a grave, en fase de agotamiento y depresión severa:**

C6. Cortisol elevado > al límite superior c/inversión curva circadiana
C7. Cortisol elevado > al límite superior en las dos determinaciones
C.8. Cortisol elevado > al límite superior en determinación matutina C.9. Cortisol notoriamente bajo con inversión o aplanamiento de la curva circadiana
Serotonina: valores menores a 90 ng/ml. Con triptofano normal o bajo (1)

Las CD8 (Linfocitos T Citotóxicos) cumplen funciones citolíticas a nivel intracelular. Su disminución en estrés prolongado guarda relación con la disminución de Ig A secretora, puesto que normalmente provocan destrucción de células infectadas, cuando el agente patógeno pudo penetrar la barrera mucosa.

También un grupo de estas células las constituyen las NK (del inglés Natural Killer) o "asesinas naturales" que se encargan de la lisis de células tumorales, uno de los nexos de unión entre estrés y cáncer.

Marcadores de inflamación

La determinación de Proteína C Reactiva (PCR) ultrasensible es útil en pacientes estresados de mayor edad, siempre que no existan evidencias de presencia de artritis reumatoidea u otras colagenopatías.

La PCR ultrasensible es útil como indicador de patología inmunoinflamatoria y en mayores de 40 años con valores positivos debe solicitarse Homocisteína y/o Súper Óxido Dismutasa para estudiar la posible presencia de estrés oxidativo a nivel endotelial, disfunción endotelial, endotelitis y síndrome metabólico. De acuerdo a la edad y la clínica del/la paciente se correlacionarán sus valores con estudios de lípidos en sangre.

Encontramos más aumentada su positividad en casos de estrés crónico con eje neuroendócrino hiporreactivo, estados depresivos con clínica de Síndrome Sensitivo Central (Fibromialgia, Sind. de Fatiga Crónica y en algunos casos de S. de Intestino Irritable) también cuando predomina hostilidad e irritación y falta de sueño.

Estamos observando un comportamiento parecido con las IL inflamatorias que podemos dosar en la actualidad (IL 1 e IL 6) con mayor positividad de IL 6. Las encontramos incrementadas en casos de estrés de moderado a severo en adelante, interpretando que en el paciente está predominando un estado de tipo inmuno inflamatorio.

Glucemia e insulina

Entre las manifestaciones de presentación clínica de pacientes estresados en el consultorio observamos con frecuencia que refieren haber sufrido crisis de hipoglucemia. Desde las observaciones hechas hace años de lo que se denominó "Hipoglucemias reactivas" en EE. UU. en soldados que volvían de Vietnam se estudia este fenómeno asociado a estrés postraumático, crisis de estrés agudo e impactos psicoemocionales.

En el largo plazo podemos vincular claramente al estrés prolongado y crónico con el síndrome metabólico y la insulinorresistencia.

En un apartado especial trataremos en forma particular la relación estrés-insulina-glucemia (Cap. VII Pág 91).

Es conveniente cuando se estudia al paciente estresado solicitar determinaciones de glucemia e insulina en ayunas y a las dos horas de la ingesta de una cantidad determinada de hidratos de carbono.[4]

En tales casos se podrán valorar algunos tipos de respuestas bastante variables y no resulta sencillo intentar una sistematización sobre los resultados del examen. Trataremos de establecer algunos parámetros de lo que podremos encontrar según el siguiente cuadro:

Curva de glucemia e insulina normales
Curva de glucemia normal con valores bajos de Insulina
Glucemia a las dos horas en valor similares al de ayunas o por debajo c/ insulina normal
Ídem con Insulina incrementada a las dos horas por encima de 5 veces el valor de ayunas

[4] M. de Hert a, M. Dobbelaere b, E.M. Sheridan c, D. Cohen d, C.U. Correll. Metabolic and endocrine adverse effects of second-generation antipsychotics in children and adolescents: A systematic review of randomized, placebo controlled trials and guidelines for clinical practice. *Psiquiatría Biológica*. Vol. 18. Núm. 03. Julio 2011 - Septiembre 2011.

> Glucemia a las dos hs. aumentada por encima de 130 con incremento de Insulina mayor a cinco veces el valor de ayunas.

Los hallazgos descriptos en el cuadro anterior nos hablan de insulinorresistencia incipiente o ya instalada.

El comportamiento del punto 2 del cuadro suele correlacionar con fenotipos ahorradores y el punto 3 muestra valores que pueden encontrarse en hipoglucemias reactivas. En un apartado especial nos referiremos a estos temas.

Tiroides

En mi libro *El síndrome de Estrés de los Call Center* he examinado con mayor detenimiento los fenómenos que ocurren a nivel del metabolismo de la glucemia e insulina y del comportamiento de la función tiroidea estudiando un número importante de pacientes estresados jóvenes.

En ese estudio se observaba que en estados de estrés agudo, cuando el organismo requiere mayor energía, se activa el eje neuro-hipófiso-tiroideo y circunstancialmente se puede encontrar un aumento de TSH que desaparece en tanto el estrés se prolonga, lo que puede desorientar al clínico. También en esas circunstancias se ponen en juego varios factores como incremento de citoquinas que interfieren en la producción y secreción de TSH.

Luego, el incremento del cortisol interfiere en la conversión enzimática de T4 a T3 (que es la biológicamente activa), por lo que comienzan los fenómenos del tipo del hipotiroidismo "químico" o subclínico hasta llegar a un hipotiroidismo instalado.

De la cantidad que la tiroides produce de la T4, alrededor de un 70% se convierte en T3 y un 20% o menos se convierte en T3 reversa (T3R). Pero en ciertas situaciones cuando el organismo necesita conservar energía como en casos de estrés físico, biológico o emocional, el porcentaje de T3R puede aumentar a más de 50% y producir de esa manera un bloqueo de los receptores de T3 libre de las células y ocasionar aumento de TSH.

Sin embargo, por alguna razón los laboratorios no determinan T3 Reversa que considero podría ser un marcador interesante al valorarse su aumento en el contexto clínico.

Por otra parte, cuando el estrés se prolonga comienzan a producirse alteraciones inmunológicas que provocan un ataque del sistema inmune que comienza a "desconocer" a la glándula propia y se produce una tiroiditis con incremento importante de valores de Anticuerpo Anti Peroxidasa (APO).

También debe tenerse en cuenta la medicación que eventualmente tome el paciente, como la conocida interferencia de la amiodarona y los efectos de la medicación psiquiátrica: el haloperidol produce un bloqueo dopaminérgico que induce aumento de la secreción de TSH; fenotiazinas (clorpromazina, triflupromazina, perfenazina, etc.) producirían Hipotiroidismo Autoinmune por comportarse como Haptenos con generación de anticuerpos Anti Tiroglobulina y Anti Peroxidasa. La quetiapina seria el antipsicótico que más se vincula a la alteración de la función tiroidea produciendo una disminución en los niveles de T4.[5]

Podemos entonces construir un esquema con los hallazgos de laboratorio útiles para correlacionar con la sintomatología clínica y los estudios neuropsicológicos y cognitivos a los fines de establecer pautas de diagnóstico y grado de estrés.

---

[5] Gardner DM, Baldessarini RJ, Waraich P. (2005) Modern antipsychotic drugs: a critical overview. CMAJ. ; 172:1703-11.

I) **Estrés leve a moderado**:

C2. CORTISOL normal o bajo con antecedentes de tept
C3. CORTISOL normal o bajo por causas no específicas
C.4. CORTISOL por encima de lo normal (20% del promedio) en una o las dos determinaciones
SEROTONINA en valores cercanos a los límites inferiores a lo normal (101 ng/ml)
TRIPTOFANO ídem hasta 6,1 mg/ml y hasta un 20% por encima
MOPEG y HVA normales, normales bajos o por debajo del promedio
PROLACTINA: puede estar elevada (valores no > del 30% máximo normal)
IgA secretora normal o baja. CD4 y CD8 normales
PCR ULTRASENSIBLE normal, valores bajos. IL 1 y 6 normales
a) Curvas de GLUCEMIA E INSULINA normales o b) Glucemia posestímulo similar a ayunas o más baja con Insulina normal c) Glucemia normal con Insulina baja en ambas determinaciones
TSH normal o por encima del promedio (salvo patología tiroidea previa)

II) **Estrés y depresión de grado moderado a severo**:

C.5. CORTISOL normal o bajo con inversión de la curva circadiana
C6. CORTISOL elevado > al límite superior c/inversión curva circadiana
C7. CORTISOL elevado > al límite superior en las dos determinaciones
SEROTONINA: valores por debajo del límite inferior (hasta 90 ng/ml)
TRIPTÓFANO: cercano a lo normal hasta 10 % por encima o por debajo de lo normal

Mopeg por debajo de lo normal - hva en límite inferior o levemente por debajo
Prolactina normal
Iga secretora en valores normales cercanos al inferior o por debajo de lo normal
Cd4 normal y cd8 normales a porcentualmente bajas
Pcr ultrasensible normal en valores cercanos al mx o levemente aumentada Il 1 normal e il 6 normal o elevada
A) curvas de glucemia e insulina normales o B) glucemia posestímulo similar a ayunas o más baja con insulina normal C) glucemia normal con insulina baja en ambas determinaciones D) glucemia normal o elevada con insulina aumentada posestímulo 5 veces o más
Tsh elevada con criterio de hipotiroidismo subclínico (exc. Pac. En tratamiento) Apo normal o levemente aumentado

III) **Estrés severo a grave, en fase de agotamiento y depresión severa:**

C6. Cortisol elevado > al límite superior c/inversión curva circadiana
C7. Cortisol elevado > al límite superior en las dos determinaciones
C.8. Cortisol elevado > al límite superior en determinación matutina C.9. Cortisol notoriamente bajo con inversión o aplanamiento de la curva circadiana
Serotonina: valores menores a 90 ng/ml. Con triptofano normal o bajo (1)

Triptofano: valores > 10% por debajo de lo normal (se debería investigar kinureninas si el valor es normal o superior a lo normal)
Mopeg y hva valores por debajo de lo normal de ambos neurotransmisores
Ig a secretora normal baja o por debajo de lo normal
Cd4 normales a levemente bajas; cd8 normales bajas a significativamente bajas
Pcr ultrasensible significativamente aumentada o normal en valores cercanos al mx   Il 1 normal o levemente aumentada. Il6 normal o significativamente aumentada
A) curvas de glucemia e insulina normales o   B) glucemia posestímulo similar a ayunas o más baja con insulina normal.   C) glucemia normal con insulina baja en ambas determinaciones   D) glucemia normal o elevada con insulina aumentada posestímulo 5 veces o más   Predominio de respuesta (d)
Tsh elevada en mayor grado o al menos con criterio de hipotiroidismo subclínico (exc. Pac. En tratamiento) - apo normal, algo o frecuentemente muy aumentado

OTRAS DETERMINACIONES DE UTILIDAD

Dehidroepiandrosterona

Esta hormona precursora de casi todos los esteroides sexuales tiene gran importancia, puesto que sus acciones neutralizarían los efectos del incremento de cortisol y se le ha dado en llamar "hormona antiestrés" y "antienvejecimiento".

Su ritmo de secreción es inverso al del cortisol de manera que normalmente debe estar más elevada a la tarde. Siempre considerando valores promedio y con una caída progresiva a medida que se avanza en edad.

Es interesante para valorar junto a la clínica y las eventuales alteraciones del cortisol, el grado de resistencia del paciente.

Asimismo puede bridarnos información sobre el posible deterioro de la función suprarrenal en fases de agotamiento del estrés con niveles bajos de cortisol.

Melatonina

En casos de alteraciones del sueño en pacientes estresados, clásicamente evaluamos que las dificultades en su conciliación están más ligadas a los estados de ansiedad y que predomina la depresión cuando comienzan a aparecer despertares en la madrugada a partir de dos a tres horas de conciliado el sueño, luego de haber "caído rendido" por el cansancio. Esto es bastante distintivo entre estos dos tipos de alteraciones del sueño.

Medimos Melatonina en plasma a las 08,00 (valores mínimos) y a las 23 h (valores máximos aproximadamente).

Es común encontrar alteraciones e inversiones de estos valores, encontrando máximos muy cercanos al mínimo, generalmente en relación con las alteraciones circadianas del cortisol.

Como veremos más adelante existe una relación muy estrecha en la secreción de ambas hormonas, ligadas al ciclo sueño/vigilia y al ciclo ocaso/alba, por respuestas adaptativas ancestrales.

El Prof. Dr. Daniel Cardinali nos enseñó que el principal y más importante disrruptor ecológico que soportó y soporta la humanidad es la energía eléctrica y todas sus derivaciones tecnológicas.

La melatonina cuando aumenta su secreción nocturna ocupa receptores de ACTH en las glándulas suprarrenales por lo que estas dejan de producir cortisol. Mecanismo que se pierde en el estrés cuando predomina la vigilia sobre el sueño y hay mayor cantidad de cortisol de lo que corresponde en horario nocturno.

En estos casos de alteraciones del sueño secundarios a estrés, por estas y otras razones la melatonina juega un importante papel terapéutico como veremos más adelante.

ACTH

Ante hallazgos de laboratorio que muestran valores muy bajos o muy altos de cortisol en sangre es conveniente solicitar el dosaje de ACTH para descartar posibles patologías hipofisarias que afecten secundariamente la secreción de cortisol, que serán luego eventualmente corroboradas por pruebas específicas y diagnóstico por imágenes.

Debe tenerse en cuenta en casos de valores bajos con síntomas de Síndrome Sensitivo Central la posibilidad de encontrarnos ante síndromes de insuficiencia hipofisaria por adenomas no funcionantes, silla turca vacía o hipofisitis.

Esta última patología, junto a adrenitis creo que son más frecuentes de lo que creemos y seguirían patrones fisiopatológicos similares a las tiroiditis "autoinmunes", en muchos casos ligadas a estrés crónico.

Otras determinaciones hormonales

De acuerdo a la clínica, edad del paciente y en casos de embarazadas se solicitan eventualmente dosajes de testosterona, estrógenos, progesterona y oxitocina que aportarán datos interesantes que deberán correlacionarse con todo lo anterior.

En este sentido es útil recalcar el papel de la Vasopresina (VP) u Hormona Antidiurética (ADH) sinérgico con el CRH hipotalámico para aumentar su propia secreción por el Hipotálamo y la secreción de ACTH por la hipófisis. Además juega un papel importante en las crisis de ira donde requiere niveles normales o elevados de Testosterona (TT) para que se provoque agresividad ("la VP se baña en el caldo de la TT"). A sus poderosos efectos vasoconstrictores que van a colaborar con el aumento de la tensión arterial, se suman el aumento de la agregación plaquetaria y la estimulación de formación de agentes procoagulatorios y trombóticos por el hígado. La persona que entra en estados de agresividad y crisis de ira, además está inundada de CK inflamatorias, entre ellas las endotelinas que se consideran quizá unas de las mayores sustancias vasoconstrictoras y que actúan directamente en las arterias coronarias y cerebrales.

Más adelante veremos con más detenimiento este tema.

CAPÍTULO III

EVALUACIÓN DE HALLAZGOS DE EXÁMENES NEUROPSICOLÓGICOS

En los años sesenta y setenta del siglo pasado se estableció que *la ansiedad* era un fenómeno multidimensional. Inicialmente se establecieron criterios para calificarla como estado y/o rasgo y posteriormente se establecieron diferenciaciones entre un triple sistema de respuestas: cognitiva, somática y motora. Scwartz, Davidson y Goleman propusieron que la mayor parte de los síntomas de la ansiedad se producían en las áreas cognitiva y motora y desarrollaron un cuestionario denominado *Cognitive-Somatic Anxiety Questionnaire* CSAQ.

En esa línea de pensamiento el Trastorno de Pánico surgiría como un extremo de la ansiedad somática por su sintomatología y el Trastorno de ansiedad generalizada sería la exacerbación de la ansiedad cognitiva.

Utilizamos el Inventario de Situaciones y Respuestas de Ansiedad ISRA. Autor: J. J. Miguel Tobal y A.R. Cano Vindelse (1986) para evaluar la frecuencia con que la ansiedad se manifiestan por una serie de respuestas o conductas en distintas situaciones que el inventario recoge, calificando las respuestas como pertenecientes al sistema cognitivo, al fisiológico o al motor, obteniendo puntuaciones para cada uno de los tres sistemas citados.

El Test ISRA describe situaciones y conductas concretas, y no abstracciones de las mismas, lo que permite validar fácilmente la información así obtenida, puede administrarse en aproximadamente una hora.

Evalúa el nivel general de ansiedad de cualquier individuo a partir de los 15 años de edad (aunque existen otras versiones para niños) y los tres sistemas de respuesta por separado: lo que sentimos a nivel corporal (sistema fisiológico), lo que pensamos (sistema cognitivo) y lo que hacemos (sistema conductual o motor) e incluso permite inferir la presencia de síntomas fóbicos.

Presenta ventajas en el *ámbito clínico*, tanto en la evaluación o el diagnóstico como en el tratamiento siendo un instrumento muy idóneo para ser utilizado en el *ámbito laboral*.

Los puntajes máximos que se obtienen para ansiedad extrema son de 95 a 99/100 y puede determinarse según los puntajes obtenidos una cierta graduación entre moderada (50-70), marcada (70-85) severa (> 80) y extrema (>95).

A efectos de su correlación con el resto de los parámetros estudiados la clasificamos según los puntajes obtenidos en:

Ansiedad leve a moderada	50-74
Ansiedad moderada a severa	75-89
Ansiedad severa a grave (extrema)	> 90

La *diferencia entre estrés y ansiedad es muy sutil.*

El estrés agudo es una reacción puramente instintiva, automática, instantánea y autónoma. No requiere de componentes cognitivos.

Cuando intervienen los componentes cognitivos el estrés da lugar a la ansiedad y desde allí marcharán juntos según la prolongación de la situación estresante (fases de resistencia y agotamiento). Mientras no haya una resolución efectiva en el tiempo, pasaremos a estados de mayor ansiedad y a padecer ansiedad generalizada.

La cognición, la toma de conciencia, el análisis, la atribución de magnitud al agente estresor, etc., son procesos cognitivos y como tales, pueden provocar ansiedad anticipatoria (ansiedad por eventuales hechos negativos que podrían sobrevenir). Esto resulta en una retroalimentación del mecanismo de estrés.

Los cambios a nivel PINE a esta altura, ya sean por estrés prolongado o por ansiedad *son los mismos*. Y esos cambios, si el proceso continúa, desencadenan que comiencen a aparecer estados depresivos (trastorno ansioso depresivo mixto) y ya en la fase de agotamiento del estrés, una depresión instalada.

Grado de depresión

Para evaluar la *depresión* utilizamos el Beck, no para diagnóstico sino para grado de intensidad, según una puntuación que relacionamos con los grados de Estrés de la siguiente manera:

0 a 13 = mínimo grado de depresión.   NO SIGNIFICATIVO
14 a 19 = grado leve   GI ESTRÉS LEVE A MODERADO
20 a 28 = grado moderado   GI ESTRÉS LEVE A MODERADO
29 a 53 = grado severo de depresión GII ESTRÉS MODERADO A SEVERO
53 a 63 = grado severo de depresión GIII ESTRÉS SEVERO A GRAVE

Estrés laboral y Burnout

El Maslach Burnout Inventary (MBI) es utilizado en todo el mundo para cuantificar el estrés laboral y específicamente el Síndrome de burnout. Nos resulta de mucha utilidad dado que por otra parte la descripción sintomática de sus tres dimensiones coincide con la forma más frecuente de presentación sintomática del estrés prolongado de diversos orígenes.

Los puntajes del MBI son los siguientes:

DIMENSIÓN I (DESGASTE EMOCIONAL)   + DE 27
DIMENSIÓN II (DESPERSONALIZACIÓN)   + DE 10
DIMENSIÓN III (PÉRDIDA REALIZACIÓN PERSONAL)   – DE 33

En nuestro medio, la Lic. Gabriela Urenda estableció que para personas jóvenes (TM 24 años) que presentaban sintomatología de estrés prolongado de origen laboral debía establecerse un nuevo baremo:
NUEVO BAREMO
DIMENSIÓN I (DESGASTE EMOCIONAL)   + DE 33
DIMENSIÓN II (DESPERSONALIZACIÓN)   + DE 13
DIMENSIÓN III (PÉRDIDA REALIZACIÓN PERSONAL)   - DE 27

No obstante consideramos conveniente utilizar este último baremo solamente para evaluar burnout en pacientes jóvenes sometidos a estrés laboral, en trabajos que utilizan nuevas tecnologías, puesto que fue obtenido por el análisis estadístico de trabajadores de call center de manera exclusiva.

En un capítulo especial (pág. 143) se podrá obtener una información más exhaustiva sobre la metodología que puede aplicarse para evaluar psicológica y cognitivamente a los pacientes estresados.

A continuación describimos la planilla a confeccionar en cada paciente estudiado una vez recogidos los datos clínicos, de exámenes neuropsicológicos y de laboratorio efectuados:

Las planillas llevan los datos de los puntajes totales considerados en cada ítem estudiado. Las valoraciones en todos los casos son de 2 puntos para grado leve a moderado (A); 4 puntos para moderado a severo (B) y 6 puntos para severo a grave (C).

Planilla a llenar con datos en la consulta/entrevista (ver pág. 21)

Puntaje general

RESULTADOS GENERALES POSITIVOS	Grado I LEVE Grado II MODERADA A SEVERO Grado III SEVERO	=/>44	=/>84	=/>122

1) Planilla datos examen neuropsicológico

1.1.) Isra (ansiedad, estado, mayor a seis meses)

CÓDIGO	PUNTAJES	50-74	75-89	>90
	ANSIEDAD COGNITIVA			
3000	LEVE A MODERADA			
3001	MODERADA A SEVERA			
3002	SEVERA A GRAVE (EXTREMA)			
	ANSIEDAD SOMÁTICA			
3003	LEVE A MODERADA			
3004	MODERADA A SEVERA			
3005	SEVERA A GRAVE			
	COMPONENTE SOCIAL			
3006	LEVE A MODERADA			
3007	MODERADA A SEVERA			
3008	SEVERA A GRAVE			
	COMPONENTE FÓBICO			
3006	LEVE A MODERADA			
3007	MODERADA A SEVERA			
3008	SEVERA A GRAVE			
RESULTADOS	**1. ESTRÉS LEVE A MODERADO**	**=/> 8-16**		
POSITIVOS	**2. ESTRÉS MODERADO A SEVERO**		**> 17-23**	
	3. ESTRÉS SEVERO A GRAVE			**> 24**

1.2.) Beck (grado de depresión)

NO SIGNIFICATIVO	1 a 13 (no suma)
GI ESTRÉS Y DEPRESIÓN LEVE A MODERADO	14 a 28
GII ESTRÉS Y DEPRESIÓN MODERADO A SEVERO	29 a 53
GIII ESTRÉS Y DEPRESIÓN SEVERO A GRAVE	54 a 63

1.3.) Mbi (Burnout)

DIMENSIÓN I (DESGASTE EMOCIONAL)	+ DE 27
DIMENSIÓN II (DESPERSONALIZACIÓN)	+ DE 10
DIMENSIÓN III (PÉRDIDA REALIZACIÓN PERSONAL) **NO SUMA**	– DE 33

<h1 style="text-align:center">Nuevo baremo (estrés laboral en menores de 28 años)</h1>

DIMENSIÓN I (DESGASTE EMOCIONAL)	+ DE 33
DIMENSIÓN II (DESPERSONALIZACIÓN)	+ DE 13
DIMENSIÓN III (PÉRDIDA REALIZACIÓN PERSONAL)	- DE 27

2.) Planilla datos de laboratorio

I) estrés leve a moderado

II) estrés de grado moderado a severo

III) estrés severo a grave

Correlaciones

Planilla resultados consulta/entrevista

RESULTADOS GENERALES POSITIVOS	GI LEVE GII MODERADA A SEVERA GIII SEVERA A GRAVE	=/>44	=/>84	=/>122

3. Planilla datos exámenes neuropsicológicos
3.1.) Ansiedad (ISRA)

RESULTADOS	1. ESTRÉS LEVE A MODERADO	> 8-16		
POSITIVOS	2. ESTRÉS MODERADO A SEVERO		17-23	
	3. ESTRÉS SEVERO A GRAVE			> 24

3.2.) Depresión (Beck)

RESULTADOS	GI ESTRÉS Y DEPRESIÓN LEVE A MODERADO	14-28		
POSITIVOS	GII ESTRÉS Y DEPRESIÓN MODERADO A SEVERO		29-53	
	GIII ESTRÉS Y DEPRESIÓN SEVERO A GRAVE			54-63

3.3.) MBI (Burnout)

RESULTADO POSITIVO	GI: LEVE A MODERADO (DESGASTE EMOCIONAL)	>27		
+	GII: MODERADO A SEVERO (DEPERSONALIZ.)		>10	
+	GIII: SEVERO A GRAVE (PÉRDIDA REALIZ. PERSON.)			<33 (1)

(1) No se suma este valor

VALORES DE SUMA DE CORRELACIONES
CLÍNICO-NEUROPSICOLÓGICAS

GI : ESTRÉS LEVE A MODERADO	=/>89 a 138		
GII : ESTRÉS MARCADO A SEVERO		=>139 a 225	
GIII: ESTRÉS GRAVE Y/O CON DEPRESIÓN			>226

Pueden subdividirse luego las gradaciones de la siguiente manera:

GRADOS DE ESTRÉS	PUNTAJES
GI : ESTRÉS LEVE A MODERADO	
A) LEVE	89 - 114
B) MODERADO	115-138
GII : ESTRÉS MARCADO A SEVERO	
A) MARCADO	139-199
B) SEVERO	200-226
GIII: ESTRÉS GRAVE Y/O DEPRESIÓN	=/> 227

Una vez obtenidos los puntajes de la correlación clínico neuropsicológica el grado de estrés obtenido se correlaciona con los elementos diagnósticos de laboratorio:

Valoración de los resultados relacionando análisis bioquímicos con datos clínicos y neuropsicológicos para diagnóstico de grado de estrés

EX.CLINICO+PSICOLÓG.	BIOQUÍMICA	RESULTADOS (GRADO)	
GI A o GI B	GI	GI A	LEVE
GI A o GI B	GII	GI B	MODERADO
GII A	GII	GI B	MODERADO
GII A o GII B	GI	GI A	LEVE
GII A	GIII	GII A	MARCADO
GII B	GII	GII A	MARCADO
GII B	GIII	GII B	SEVERO
GIII	GI	GII B	MARCADO
GIII	GII	GIII	SEVERO
GIII	GIII	GIII	GRAVE

SEGUNDA PARTE:

LA EXPLICACIÓN BIOLÓGICA DE LOS SÍNTOMAS DEL ESTRÉS

CAPÍTULO IV

RELACIÓN FISIOPATOLÓGICA ENTRE SINTOMATOLOGÍA CLÍNICA Y NEUROCOGNITIVA CON LOS HALLAZGOS DE LABORATORIO

1. Importancia del Cortisol y CRH

El cortisol es la hormona más estudiada en relación al estrés. Se forma en las glándulas suprarrenales y cumple diversas funciones en el organismo. Específicamente en nuestro caso nos interesa recalcar el papel que juega en el aumento normal de la capacidad energética para afrontar el estrés agudo, lo que es absolutamente necesario para el mantenimiento de la vida mediante:

a) La conversión de grasas y proteínas del organismo a glucosa (en el plasma y músculos), proceso llamado neoglucogénesis hepática que se almacena como glucógeno.

b) liberación de glucagon por las células alfa del páncreas con efecto hiperglucemiante rápido.

c) antagonización del efecto de la insulina (insulino-resistencia).

d) aumento del apetito e ingesta calórica para mayor disponibilidad de material energético.

e) modificación del equilibrio electrolítico y aumento del volumen plasmático.

f) aumento de la síntesis de adrenalina.

g) inhibición de la síntesis de postaglandinas vasodilatadoras.

h) aumento del número de eritrocitos y su contenido en hemoglobina por retardo en la eritrofagocitosis.

i) incremento de la cantidad y velocidad de ingresos a la circulación desde la médula ósea, de neutrófilos y reducción de la cantidad de linfocitos y esinófilos.

j) actúa en las primeras etapas del estrés ocupando sus receptores a nivel del hipocampo y corteza cerebral mejorando las capacidades cognitivas.

k) otros.

Como se ve, todo está destinado a proveer la energía que será necesaria para mantener las funciones cerebrales ligadas al estado de vigilancia, de alerta y las mayores posibilidades de rendimiento físico para la fuga o la lucha, en línea con la activación del sistema adrenérgico del sistema nervioso autónomo y del sistema inmunológico.

El éxito y la consiguiente normalización del sistema pueden obtenerse porque el estresor desaparezca o podamos resolver el conflicto mediante un afrontamiento positivo o porque lo evaluemos cognitivamente y le quitemos la magnitud que le habíamos atribuido inicialmente e incluso porque estratégicamente evitemos afrontar la situación estresante (algo parecido a la fuga).

Pero todo esto va cambiando a partir de que no se pueda afrontar con éxito al agente estresor. Si las situaciones, los conflictos estresantes, se mantienen en el tiempo o se repiten constantemente seguirá en aumento la secreción de CRH y Cortisol que actúan deletéreamente sobre el propio organismo y comenzarán a aparecer complicaciones orgánicas, psicológicas y cognitivas.

En tales casos, el Cortisol:

a) estimula la lipogénesis en ciertas zonas corporales (típica obesidad en tronco y cara) y en zonas abdominales donde el tejido adiposo comienza a secretar Angiotensina II, Citoquinas (CK) como Resistina que aumenta la insulinoresistencia y CK pro inflamatorias como IL 1 y 6. Se va presentando un cuadro inflamatorio con resistencia a la insulina y aumento de la tensión arterial. En adultos aumenta la circunferencia abdominal y en mujeres la grasa en cinturón pelviano.

b) inhibe la captación (por parte de los fibroblastos y células del músculo liso) de las lipoproteínas de baja densidad (LDL) por lo que aumentan en plasma y comienza su oxidación e incidencia en la disfunción endotelial. Esto configura el comienzo del proceso de arterioesclerosis que va a afectar sobre todo a las arterias coronarias y cerebrales.

c) aumenta la secreción de ácido clorhídrico por parte de la mucosa gástrica, contribuyendo a la producción de gastritis, duodenitis y síndrome ulceroso.

d) disminuye la absorción intestinal de calcio, antagoniza el metabolito activo de la vitamina D y aumenta la excreción renal. Comienzan los procesos de osteoporosis.

e) inhibe la conversión de T4 a T3 y puede presentarse Hipotiroidismo subclínico.

f) afecta la inmunidad (Inmunodepresión). Suprime la producción de inmunoglobulinas y la multiplicación de los linfocitos B. En el estrés que va a la cronicidad aparecen enfermedades autoinmunes, entre ellas tiroiditis.

g) disminuye la producción de Linfocitos T citotóxicos, sobre todo CD8 y células NK, con mayor vulnerabilidad a infecciones (virus, bacterias y hongos) y proliferación de células cancerosas.

h) actúa además en detrimento de los LT reguladores que mantienen la homeostasis del sistema inmune.

i) inhibe la producción de Citoquinas (o Interleuquinas) antiinflamatorias y de factores tímicos por lo que se desarrolla el proceso inmuno inflamatorio en el organismo.

j) degrada el colágeno de la piel (estrías) y retrasa la cicatrización.

k) aumenta el catabolismo muscular (gluconeogénesis) con pérdida de masa muscular o sarcopenia e incremento de grasa corporal.

l) se incrementa la producción de leptina y citoquinas inflamatorias por el tejido adiposo.

m) se establece de manera permanente la Insulino resistencia y eventualmente Diabetes Tipo II.

n) la ocupación plena de receptores hipocampales y corticales sobre todo en Lóbulos prefrontales (LPF) y otras zonas de la corteza afectando las capacidades cognitivas, dado que produce neurotoxicidad en las áreas mencionadas (atrofia dendrítica y objetivación de la reducción de tamaño hipocampal en RMN).

o) la ocupación plena de receptores citoplamáticos metabotrópicos (Tipo II) hipocampales y corticales provoca cambios a niveles epigenéticos que afectan proteínas que forman parte de los receptores.

p) se alteran los Rc a serotonina en corteza cerebral, LPF, hipocampo y otras zonas.

La secreción de cortisol debe cesar cuando la situación estresante desaparece, la evitamos o afrontamos con éxito.

El principal mecanismo inhibitorio de la secreción de Cortisol por las suprarrenales se produce cuando se ocupan en un determinado porcentaje los Receptores a Gluco Corticoides (Rc GC) de Tipo I y II en Hipocampo.

Se agregan mecanismos inhibitorios accesorios que son el Factor Natriurético Atrial formado en las aurículas del corazón;

las Proteínas Transportadoras y de otra manera que luego explicaremos, la Melatonina nocturna.

Se observan en el cuadro que sigue la estimulación del Hipotálamo a partir de señales que llegan por vía noradrenérgica desde el Locus ceruleus del tronco cerebral donde se encuentran los núcleos del sistema simpático, activados a su vez desde los núcleos de los órganos sensoriales (vista, oído, olfato, tacto, gusto) o desde el N. del Tracto Solitario que recibe estímulos por vía retrógrada desde las vísceras a través del Nervio Vago (sistema visceroceptivo), así como desde la Corteza cerebral activada por Citoquinas que ingresan a través de la barrera hemoatoencefálica o se producen en las propias células gliales.

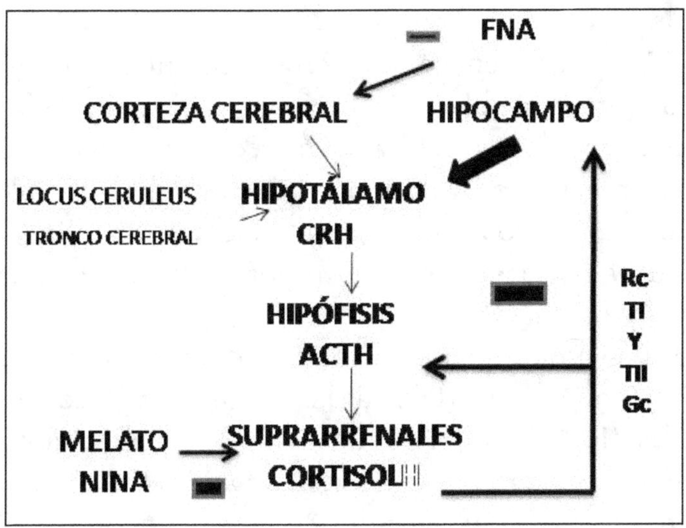

Luego se desencadena la cascada neuroendócrina y en trazos más gruesos se observan los mecanismos de cierre del sistema por la ocupación de receptores (Rc) Tipo I y II de Glucocorticoides en Hipocampo. Accesoriamente actúa el Factor Natriurético Atrial (FNA) sobre Rc cerebrales.

Se incluye un mecanismo de ocupación de Rc a ACTH en suprarrenales que impide la secreción de cortisol por la noche.

CRH o factor liberador de Corticotrofina (ACTH)

Desde el Hipotálamo se segrega un polipéptido que funciona como hormona "directriz" del eje neuroendócrino del estrés, el Factor Liberador de Corticotrofina o ACTH (conocido como CRH por sus siglas en inglés) que actúa sobre otro polipéptido que se encuentra en el plexo coroideo que une al hipotálamo con la hipófisis, llamada PRO OPIO MELANO CORTINA (POMC).

Al romperse esta molécula, la parte "cortina" da lugar a adrenocorticotrophina o ACTH y el resto a otras sustancias importantes en el estrés como las Beta endorfinas (fracción PRO OPIO) y las hormonas melanocitoestimulantes (fracción MELANO).

El ACTH (Adrenocorticotrofina) acumulado en la hipófisis se libera de manera pulsátil hacia la sangre y llega a las glándulas suprarrenales (o adrenales) y ocupa receptores específicos que al ser estimulados provocan la producción de Cortisol en su parte cortical, junto a Aldosterona y Dehidroepiandrosterona. También las adrenales segregan mayor cantidad de Adrenalina en su parte medular.

El Cortisol aumenta en plasma durante el estrés agudo hasta que satura el 90 a 100% de los receptores a glucocorticoide cerebrales, (Rc Gc) de Tipo I (de membrana o mineralotropos), también denominados a mineralocorticoides [MC]), con gran afinidad también por la aldosterona que están localizados principalmente en hipocampo y aproximadamente el 70% de los de Tipo II que son intracitoplasmáticos y metabotrópicos.

Los receptores de Gc tipo II, de afinidad más baja por los glucocorticoides y más baja todavía para la aldosterona, están ampliamente distribuidos en el sistema nervioso central: hipófisis, NPV, núcleos aminérgicos del tronco cerebral).

Al llegar a esos niveles de ocupación de los Rc Tipo I se inhibe la secreción de CRH por el Hipotálamo y el *feed back* negativo cierra el mecanismo del estrés.

Otros mecanismos de cierre del eje neuroendócrino o mejor que contribuyen a su cierre que ya hemos mencionado son:

- el Factor Natriurético Atrial, péptido secretado por las aurículas del corazón cuando hay taquicardia o insuficiencia cardíaca que tiene efectos diuréticos al actuar sobre los riñones. En el cerebro ocupa Rc en hipocampo y corteza cerebral contribuyendo al *feed back* negativo. Su producción está disminuida o directamente no se produce en ciertos casos de síndrome de preexcitación aurículo-ventricular con taquicardias paroxísticas y en muchos casos de Prolapso de Válvula Mitral, lo que contribuye a aumentar la ansiedad de las personas que sufren taquicardia por estas alteraciones, hasta llegar a veces a sufrir Trastorno de Pánico. Responden bien a beta bloqueantes.
- la Proteína Transportadora de Cortisol contribuye al cierre del mecanismo de estrés, por eso es mejor dosar cortisol plasmático (transportado) que el libre.
- la Melatonina fisiológicamente ocupa los receptores de ACTH en las suprarrenales en horario nocturno y "bloquea" la producción de cortisol, lo que si bien no es un *feed back* negativo a nivel central, lo es de alguna manera periféricamente. No obstante no bloquea la producción de CRH.

Cuando el estrés se prolonga los Rc Gc de Tipo II, que son intracitoplasmáticos superan el porcentaje de ocupación del 70% al que puede llegar en el estrés normal, alcanzando hasta un porcentaje de 100% de ocupación.

En tal caso comienzan a producirse fenómenos de neuro-toxicidad sobre todo en hipocampo y no se cierra el mecanismo del estrés, falla el *feed back* negativo.

Esto sucede ya sea por regulación a la baja (down regulation) de los Rc hiper estimulados crónicamente o por cambios en las cromatinas por alteración de histonas, procesos de fosforilación y otros mecanismos por los que se altera la transcripción de proteínas y se alterarían funcionalmente los propios Rc de Cortisol que son glucoproteicos, por lo que dejarían de funcionar (mecanismos epigenéticos).

El ciclo entonces se perpetúa, cada vez hay mayor secreción de CRH y el Cortisol también sigue en aumento y al no ser sus Rc funcionalmente efectivos, falla el mecanismo de *feed back* negativo.

Esto sucede entonces en el estrés prolongado y lo mismo encontraremos en la depresión.

En estos casos a los efectos deletéreos del Cortisol crónicamente incrementado se suman los efectos del propio CRH aumentado por tiempo prolongado que se ven en el siguiente cuadro:

CRH o factor hipotalámico liberador de ACTH por la hipófisis

a) ACTIVA EL SISTEMA SIMPÁTICO (EJE ESTRÉS)	g) PROVOCA ELIMINACIÓN FECAL
b) DESACTIVA EL SISTEMA PARASIMPÁTICO	h) DISMINUYE REPRODUCCIÓN Y DESEO SEXUAL
c) ES ANSIOGÉNICO ACTUANDO SOBRE RECEPTORES CEREBRALES	i) JUNTO A VASOPRESINA (VP) AUMENTA LA AGRESIVIDAD
d) DISMINUYE EL APETITO	j) DISMINUYE EL SUEÑO Y AUMENTA LA VIGILIA
e) PRODUCE VACIAMIENTO DEL ESTÓMAGO	k) AUMENTA LA PRODUCCIÓN DE LINFOCITOS
f) AUMENTA EL TRÁNSITO INTESTINAL	l) COMIENZA A AUMENTAR LAS IL1 (EJE INMUNE) E IL 6, INFLAMATORIAS

Hay Rc de CRH en el cerebro denominados de TIPO 1 (Cerebrales) que se encuentran en el hipotálamo y en la corteza donde tienen efectos sobre el sistema cognitivo y son muy ansiogénicos.

El CRH inicia la respuesta neuroendocrina al estrés uniéndose a los receptores CRH1 en la hipófisis anterior después de su liberación en la circulación porta.

Esta distribución del receptor que como vemos también son extra-hipotalámicos influye en respuestas conductuales que pueden ser autónomas de la respuesta al estrés.

<table>
<tr><td>LOS RECEPTORES CRH1 ESTÁN AMPLIAMENTE DISTRIBUIDOS EN OTRAS REGIONES CEREBRALES QUE RESPONDEN AL ESTRÉS, INCLUYENDO CORTEZA PRE FRONTAL, AMÍGDALAS, SEPTUM MEDIAL, HIPOCAMPO, TÁLAMO, CEREBELO, Y OTROS NÚCLEOS DEL CEREBRO.</td><td>LOS RC CRH TIPO 2 SON PERIFÉRICOS Y SE ENCUENTRAN EN EL CORAZÓN, EN EL EPIDÍDIMO Y TESTÍCULO Y EN OTROS ÓRGANOS COMO EL BAZO, PULMONES, ESTÓMAGO, INTESTINO Y PIEL.</td></tr>
</table>

El CRH1 extra-hipotalámico interviene en estados emocionales negativos, provocando ansiedad y a la larga depresión.

También sobre el Tronco Cerebral se encuentran Rc Tipo I que activan el simpático y deprimen el parasimpático.

Siempre considerando que los efectos de estas hormonas son fisiológicos a la hora del afrontamiento de los diversos estresógenos que aparecen por las contingencias de la vida, es relativamente sencillo entender lo que pasa cuando el estrés se prolonga y estos efectos comienzan a distorsionarse.[1]

Estrés y cambios hormonales

Además de los cambios descriptos en el eje neuroendócrino del estrés, se alteran otras hormonas cuyo dosaje puede brindar interesantes datos para establecer el grado de compromiso orgánico por estrés. Se tratan de esquematizar en los siguientes cuadros que corresponden a estrés prolongado en fase de resistencia y de agotamiento, respectivamente:

---

[1]Se habla de un sistema CRH compuesto también por las Urocortinas (1, 2 y 3), estructuralmente relacionadas con la CRH, y por los receptores acoplados a proteína G, CRH1 y CRH2, cuyas funciones serían de tipo agonista con el CRH. CRH se une a los receptores CRH1 y CRH2 con mayor y menor potencia respectivamente. La Urocortina 1 es un agonista de alta afinidad de ambos receptores, mientras Urocortinas 2 y 3 son agonistas selectivos del receptor CRH2

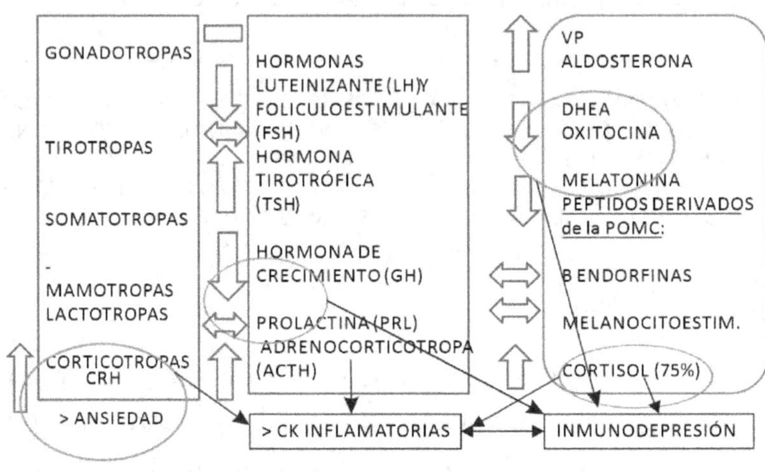

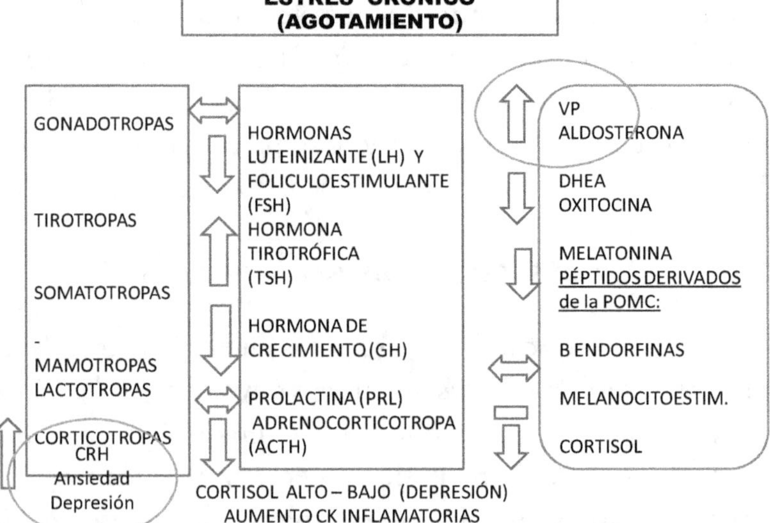

En los cuadros anteriores se observan las variaciones hormonales en más o en menos y aquellas que quedan estabilizadas en las fases de resistencia y de agotamiento del estrés.

Los síntomas digestivos

Las complejas relaciones entre cerebro y "cerebro abdominal" con secreción de neuropéptidos (tales como gastrinas, leptinas, grhelinas, orexinas, serotonina, SRH, CCK, etc.) y neurohormonas que actúan simultáneamente a nivel de los sistemas gastrointestinal y nervioso, exceden el marco de la históricamente conocida relación vagotónica entre los mismos, para explicar una serie de patologías digestivas relacionadas con el estrés. Uno de los ejemplos más típicos se da a nivel digestivo. El CRH provoca vaciamiento rápido del estómago y eliminación fecal porque la ocupación de sus receptores intestinales aumenta la secreción mucosa y líquida. El Cortisol incrementa la secreción de ácido clorhídrico. Todo esto en el marco de una isquemia gastroduodenal por vasoconstricción sostenida por derivación de la circulación hacia corazón, cerebro y músculos provocada por el aumento de adrenalina. Como digo, es relativamente sencillo imaginarnos el sufrimiento del aparato digestivo cuando esas condiciones se prolongan o se repiten constantemente en un organismo que además va siendo ganado por una inflamación generalizada y una disminución de inmunoglobulinas en mucosas que va a facilitar la reproducción del Helycobacter Pylori.

Aparecen todas las "itis". La gastritis y síndromes de intestino irritable, obviamente son los trastornos más frecuentes en relación al estrés.

Desde las experiencias de Selye se sabe que las "ratitas" estresadas en experimentación, mueren por hemorragias digestivas y ya en 1842 Curling observó lo mismo en pacientes grandes quemados en las guerras de la época, de donde salió el concepto de "Úlceras de Stress" o de Curling en relación al posoperatorio de las grandes cirugías.[2]

---

[2] Curling TB: (1939) On acute ulceration of the duodenum in cases of burn. *Medico-Chir.* Trans. 25: 260, 1842. Von Eiselberg F. as cited by Penner A: Acute post-operative

Los síntomas de gastritis, reflujo gastroesofágico y el síndrome de intestino irritable son formas de presentación habitualmente combinados con los trastornos de ansiedad, depresión, angustia, insomnio, irritabilidad y dificultades de concentración, atención y memoria, en pacientes jóvenes sometidos a situaciones estresantes.

El Síndrome de Intestino Irritable (SII) afecta al 15% de la población. En algunos estudios se demuestra que más del 90 % de los afectados presenta Trastorno Depresivo Mixto (TDM).[3]

Otros estudios aplicando tratamientos con ISRS mostraron resultados contradictorios: buenos con Paroxetina y Citalopram; no se obtuvieron resultados favorables con Fluoxetina.

Pacientes que consultaron por intestino irritable se constató que presentaban trastornos emocionales –depresión y ansiedad– y características neuróticas de personalidad.[4]

En los últimos años se observa en nuestro medio un incremento de diagnósticos de Celiaquía que aparece en adultos. Es posible que se trate de SII con gran componente inflamatorio que provoca edema de la mucosa intestinal con separación de las células del endotelio intestinal, por donde se filtrarían sustancias como el gluten, omnipresente en la alimentación actual que provocan un síndrome de alergia alimentaria.

Las alteraciones inmunológicas llevarán al aumento y cronificación del cuadro, con aparición incluso de Anticuerpos específicos. Además del tratamiento sintomático, dietético, etc. se debe contemplar el tratamiento adecuado de las condiciones estresantes que provocaron o complicaron el cuadro.

Lo mismo vale para gastritis, duodenitis, úlcera y reflujo gastroesofágico.

---

esophageal, gastric and duodenal ulcerations. *Arch Path.* 28:129.

[3]Tosic-Golubovic S, Milijkovic S, Nagorni A. et al. (2010) Irritable bowel syndrome, anxiety, depression and personality characteristics. Jul; 32(7):1221-33.

[4]*Psychiatr Danub.* 2010 Sep; 22(3):418-24.

CAPÍTULO V

CORRELACIONES BIOLÓGICAS DE LOS SÍNTOMAS NEUROPSICOLÓGICOS Y COGNITIVOS

En el siguiente gráfico podemos observar los efectos del Cortisol, CRH y Amino Ácidos Excitatorios sobre el SNC, a los que se agregan los efectos de las Citoquinas Inflamatorias que veremos más adelante.

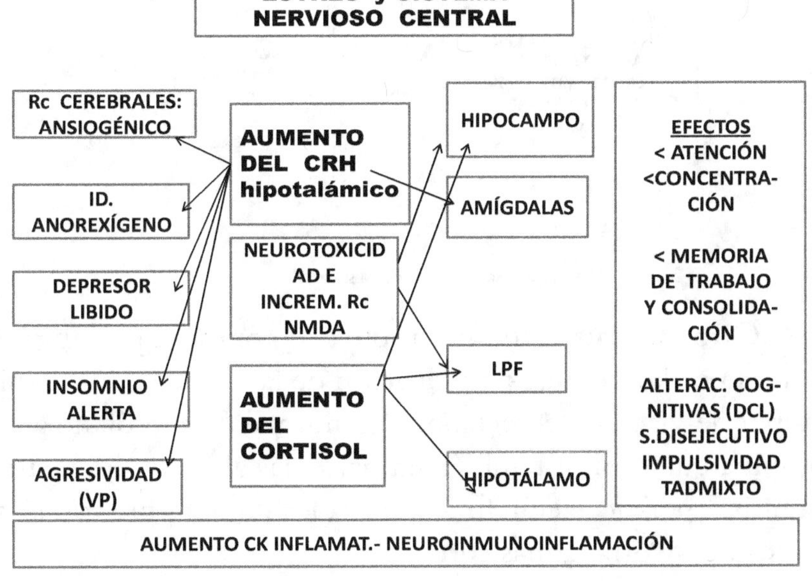

Los conceptos de neurotoxicidad del cortisol, a los que se agregan las acciones del incremento de CRH a nivel de los SNC y SNA ya han sido expuestos en el apartado correspondiente.

En situaciones de estrés prolongado deben agregarse los efectos del exceso de aminoácidos excitatorios (glutamato) que actúan sobre Rc NMDA hiper sensibilizados. (Cuadro 1) y provocan citotoxicidad por exceso de ingreso de Ca dentro de la célula.

Se agrega la disminución que produce el estrés prolongado de los Factores de Crecimiento Neuronal BNDF (F. de Crecimiento Derivado del Cerebro) y de IFG (F. de Crecimiento Símil Insulina) indispensables para el neurodesarrollo y la neuroplasticidad[1]:

<table>
<tr><td colspan="2" align="center">EL ESTRÉS PROLONGADO PRODUCE DISMINUCIÓN DE NEUROGÉNESIS EN GYRUS DENTADO E HIPOCAMPO</td></tr>
<tr><td align="center">INCREMENTO DE GLUCO CORTICOIDES Y DE AMINO ACIDOS EXITATORIOS (GLUTAMATO) SOBRE Rc NMDA</td><td align="center">DISMINUCIÓN DE NIVELES DE BNDF Y DE IFG</td></tr>
</table>

TALESNIK SAMUEL – NEUROGÉNESIS- 2012

Otro mecanismo muy neurotóxico por estrés prolongado aparece por la eventual participación de la vía de las kinureninas por desviación del metabolismo normal de triptófano a serotonina que explica también en parte, las alteraciones neurocognitivas por afectación funcional de los Lóbulos prefrontales, hipocampo y otras zonas corticales.

---

[1]Taleisnik Samuel. *Neurogénesis*. (2012) Edit. Encuentros. Argentina.

Se alteran las vías límbico-fronto-corticales, por neuro-toxicidad y la disminución de serotonina afecta además al filtro hipotalámico del dolor y exceso de estímulos y a la capacidad de modulación del LPF sobre el Sistema Límbico.

Aparecen así síntomas distímicos, trastornos ansioso-depresivos, dificultad para el control de impulsos, irritabilidad, agresividad, etc. sobre la base de una actividad ansiogénica incrementada por la ocupación sostenida de Rc a CRH en la corteza cerebral.

A los efectos neurotóxicos de las sustancias descriptas se suma el aumento de las citoquinas (CK) proinflamatorias intracerebrales que entre otras cosas provocan el "síndrome de enfermedad".

"Síndrome de enfermedad"

LAS *CK* **PROINFLAMATORIAS (TNF-A, IL-1, E IL-6)**, ACTIVAN TANTO EL EJE HIPOTÁLAMO-HIPÓFISO-ADRENAL COMO EL SISTEMA LOCUS CERULEUS-NA DEL SISTEMA SIMPÁTICO (RESPUESTA AL ESTRÉS).
INDUCEN ANOREXIA, NÁUSEAS, FATIGA
AISLAMIENTO SOCIAL Y/O ÁNIMO DEPRESIVO
HIPERALGESIA CON O SIN CEFALEA
SOMNOLENCIA, TRASTORNOS DEL SUEÑO
ELEVACIÓN DE LA TEMPERATURA O FIEBRE
INCREMENTO DE LA TASA METABÓLICA BASAL
CAMBIOS ADAPTATIVOS LLAMADOS EN CONJUNTO "SÍNDROME DE ENFERMEDAD"
Adaptado del Prof. Dr. Jaime Moguilevsky

Las CK pueden provenir de otras partes del organismo o formarse en el propio cerebro. Las células gliales producen citoquinas en situaciones de estrés prolongado o crónico.

Estas CK pueden llegar al SNC a través de ventanas en la barrera hematoencefálica (IL 1 - IL6) o producirse en el propio cerebro (Cuadro 3).

CK secretadas en el cerebro por células gliales

1. INTERFERÓN (INF) ALFA, BETA, GAMA
2. FACTOR DE NECROSIS TUMORAL (FNT) ALFA, BETA
3. IL 1 ALFA Y BETA, IL 2, 3, 4, 5, 6, 8, 10, 12.
4. FACTOR ESTIMULANTE DE COLONIAS GRANULOCÍTICAS

Cuando las CK cerebrales se encuentran en concentraciones superiores a 10 mmoles, comienzan a aparecer los síntomas mencionados.

El efecto general de las citoquinas se puede observar claramente en la clínica por el "síndrome de enfermedad" que produce la administración terapéutica periódica de **Interferon** en determinadas patologías (Melanomas, Esclerosis Múltiples y otras):

INTERFERÓN A (IFN A)
MODELO CLÍNICO DE LA DEPRESIÓN INDUCIDA POR CK
PACIENTES QUE RECIBEN IFNA PARA EL TRATAMIENTO DE DIVERSAS ENFERMEDADES Y CÁNCER DESARROLLAN SÍNTOMAS DE DEPRESIÓN MAYOR
IFNA ES UN POTENTE INDUCTOR DE OTRAS CK PROINFLAMATORIAS (IL-6, IL- 1B Y TNFA)
LA DEPRESIÓN INDUCIDA POR IFNA RESPONDE A LOS TRATAMIENTOS ANTIDEPRESIVOS CLÁSICOS
SE ASOCIA CON ALTERACIÓN DEL METABOLISMO DE LA SEROTONINA POR AUMENTO DE LA ACTIVIDAD DE LA ENZIMA INDOLAMINA 2,3 DIOXIGENASA
TAMBIÉN SE ASOCIA CON ALTERACIONES DE LA FUNCIÓN CRH MANIFESTADA POR HIPERSECRECIÓN DE ACTH Y CORTISOL

CK proinflamatorias IL 1 — IL 6 — FNT alfa

OCUPAN MÚLTIPLES RECEPTORES NEURONALES EN EL CEREBRO FUNCIONAN COMO NEUROTRANSMISORES	ALTERAN LA TRANSMISIÓN MONOAMINÉRGICA EN EL S.N.C. EJERCEN ACCIÓN DIRECTA EN EL CEREBRO

Diversas publicaciones reportan distintas manifestaciones clínicas relacionadas con la concentración de CK inflamatorias que producen Neuroinmunoinflamación en el SNC.

Los efectos neuropsiquiátricos de las Citoquinas Proinflamatorias IL 1, 6 Y FNT alfa l se evidencian en el Cuadro 6, tomado de un artículo publicado por los Dres. Connor T. J y Brian Leonard[2] expresidente de la Word Asoc. of Psychiatry:

Efectos psiquiátricos inducidos por CK (neuroinmunoinflamación)

INF ALFA:	FATIGA, DEPRESIÓN, TRASTORNOS DEL PENSAMIENTO, IDEACIÓN SUICIDA
INF BETA:	ÍDEM
INF GAMA :	ÍDEM
FNT:	ANOREXIA , FATIGA
IL 1 :	SOMNOLENCIA, CONFUSIÓN, ALUCINACIONES
IL 6 :	CONFUSIÓN, DELIRIOS, DEPRESIÓN, PSICOSIS

En resumen podemos decir con respecto a las Citoquinas:

ESTRÉS AGUDO: AUMENTO DE CK ANTIINFLAMATORIAS, AUMENTO DE RESPUESTA TIPO TH 1 CON INCREMENTO DE IL-4, IL 5, etc.
ESTRÉS CRÓNICO: AUMENTO DE CK PROINFLAMATORIAS, MENOR RESPUESTA TH 1 Y MAYOR RESPUESTA TH2, INCREMENTO DE IL 1, IL 6, FNT alfa, IFN gama
(LOS LINFOCITOS T CD4, TH 1 Y 2 SON LLAMADOS "COOPERADORES")

EL CEREBRO TIENE CAPACIDAD PARA SINTETIZAR CK EN ASTROCITOS Y CÉLULAS GLIALES Y TIENE RECEPTORES ESPECÍFICOS PARA ELLAS TANTO DE LAS SINTETIZADAS IN SITU COMO PARA LAS SISTÉMICAS QUE ENTRAN POR VÍA SANGUÍNEA O VAGAL
LOS Rc A CK ESTIMULAN LA LIBERACIÓN DE NT y NEUROHORMONAS (eje NE) CUANDO LA CONCENTRACIÓN DE CK SUPERA LOS 10 Nm

Fue un argentino el codescubridor del primer Factor de Liberación Hipotalámico, el Prof. Dr. Samuel Taleisnik[3], con lo que cambiaron conceptos fundamentales sobre el eje neuroendócrino y se comenzó a considerar al hipotálamo no solo como un núcleo cerebral, sino también un órgano endócrino que en sus múltiples funciones se constituye en un neurorregulador de las funciones vitales.

Y fue otro argentino el Prof. Dr. Hugo Besedovsky,[4] que trabaja en Europa quien puso de manifiesto en la década

---

[2]Connor TJ, Leonard BE. (1998) "Depression, stress and immunological activation: the role of cytokines in depressive disorders". *Life Sci*; 62:583-606.
[3]Taleisnik Samuel. *Neurogénesis.* (2012) Edit. Encuentros. Argentina.
[4]Besedovsky HO, Sorkin E, Keller M, Muller J. (1975) Changes in blood hormone levels during the immune response. *Proc Soc Exp Biol Med* 150:466-470.

del setenta la interacción de los sistemas nervioso e inmune. Demostró que la inyección en el cerebro de ratones de un antígeno (eritrocitos de carnero) conduce a una respuesta inmune con aumento de IL1 sin interferencia de otros efectos causados directamente por microorganismos, induciendo un aumento de hormonas asociadas al estrés (glucocorticoides) en la sangre.

Los glucocorticoides, a su vez, tenían efecto inmunosupresor. Los autores, en el trabajo original, refieren su carácter preliminar, sin embargo, estos resultados preliminares fueron fundantes de una nueva disciplina conocida como Neuroinmunoendocrinología.

A estos experimentos les sucedieron otros a fines de los años 70 realizados con variados enfoques inmunológicos y bioquímicos, entre los cuales se destacan los de J. Edwin Blalock, otro de los fundadores de la disciplina.

Blalock propuso que las citocinas, hormonas peptídicas y neurotransmisores constituyen un conjunto de mensajeros solubles comunes al SNC y al Sistema Inmune (SI), interactuando de una manera bidireccional. Así el SI puede ser considerado como un "órgano sensorial y efector", llegándose a reconocerlo como un "sexto sentido u órgano sensorial" y a los inmunocitos como "neuronas móviles".

El SNC tiene sensores para reconocer los cambios en el medio ambiente externo a través de los cinco sentidos y entregar información a través de la liberación de hormonas y neurotransmisores, pero el SI tiene receptores que detectan la presencia de antígenos, lo cual no es reconocido por el SNC, entregando información al SNC a través de la liberación de citocinas.[5]

[5] Blalock J.E. (2007) The syntax of immune neuroendocrine communication. *Immunol Today*; 1994;15:504-511. Blalock JE, Smith EM. Conceptual development of the immune system as a sixth sense. *Brain Behav Immun*; 21:23-33.

Hoy se sabe que también reacciona de esa manera el SI ante estímulos emocionales.

Lo más relevante es el intercambio de señales entre los tres sistemas y las funciones cerebrales. La interacción de estos circuitos puede afectar las funciones del SI, los procesos inflamatorios, autoinmunes y las enfermedades infecciosas. También se postula que las citocinas originadas en el cerebro, juegan un papel importante en la fisiología cerebral y la integración inmuno neuroendocrina. (Besedovsky HO and Rey AD, 2007)[6]

Se demostró que los Linfocitos B poseen receptores de tipo beta adrenérgicos y que *las células inmunes liberan neurotransmisores*, de manera que pueden responder a los mismos o pueden actuar como si fueran células nerviosas que los producen y que por esas interacciones ligando-receptor se establecen comunicaciones autocrinas y paracrinas que modulan la respuesta a un antígeno. En el año 2014 se han publicado trabajos en los que se describen estos fenómenos como respuestas no solo a antígenos, sino también a estímulos emocionales y estrés.

De esa manera se demostró la conexión entre eje inmune, aumento de IL cerebrales y eje neuroendócrino (Inmunoneuroendocrinología).

---

[6]Besedovsky HO, Rey AD. (2007) Physiology of psyconeuroimmunology: a personal view. *Brain Behav Immun*; 21:34-44.

En los últimos tiempos gana terreno el origen inmunoinflamatorio de estos procesos e incluso se postula que la acción de muchos medicamentos, entre ellos los IRSS sería antiinflamatoria.

Las CK proinflamatorias pueden aumentar por tres vías:

> por aumento en distintas partes del organismo como efecto del estrés: tejido adiposo, aparato digestivo, endotelio vascular, etc.

> por conducción anterógrada por el nervio vago desde los sistemas viscerales, ante alteraciones funcionales, infección o inflamación

> por incremento de su producción por los astrocitos en el Sistema Nervioso Central

Los dos primeros mecanismos implican un origen extracerebral de las CK inflamatorias y la reacción de estrés cuando las mismas activan el eje neuroendócrino sería secundaria a tales estímulos.

La tercera en cambio implica la posibilidad de autoactivación desde el propio SNC.

En este caso parecerían estar implicados otros mecanismos ligados al sistema inmunológico, el que sería activado por células de un sistema centinela y por una alteración de los Linfocitos T reguladores (L Treg) producida por diversos factores, entre ellos los psicoemocionales.

En los pacientes depresivos se han encontrado niveles elevados de CK proinflamatorias que activan el eje hipotálamo-hipófisis-adrenal de un modo directo a través de sus efectos sobre CRH, o indirectamente a través de inducir resistencia a los receptores de glucocorticoides (Rc GC Tipo I y II), lo que lleva a hiperactividad del eje hipotálamo-hipófisis-adrenal.

Por otra parte, las citokinas proinflamatorias pueden alterar los sistemas de transmisión monoaminérgicas en varias regiones cerebrales, por ejemplo reduciendo la disponibilidad de L-triptofano, que a su vez lleva a una reducción de los niveles de serotonina.

Es por estas razones que damos especial importancia a los dosajes de Serotonina (plaquetaria) y triptófano en plasma en nuestros estudios, además de la PCR ultrasensible y las IL1 y 6 y el FNT como ya hemos señalado.

En resumen: las CK proinflamatorias cuando llegan a una concentración de 10 nm ocupan Rc específicos del hipotálamo y otras zonas del cerebro generando efectos:

- neuroinmunes con mayor producción de CK en el cerebro.
- neuroendócrinos con estimulación del eje HHA y aumento de CRH y/o Cortisol.
- neuroquímicos provocando mayor secreción de Dopamina y Noradrenalina y caída de la Serotonina.

Como vemos la relación fisiopatológica cuando el estrés se prolonga, entre cambios neuroinmunoendócrinos y síntomas de ansiedad generalizada, estados depresivos, distimia y alteraciones cognitivas tiene una explicación biológica que se va conociendo cada vez más.

Bibliografía

Ader & Cohen. (1975) Behaviorally conditioned immunosuppression. *Psicosom Med* 37:333-340.

Blalock JE. (2002) Harnessing a neural-immune circuit to control inflammation and shock. *J Exp Med* 195: F25-F28.

Del Rey A, Besedovsky HO. (1996) Immune-neuroendocrine interactions: facts and hypothesis. *Endocrine Rev* 17: 64-102.

Licinio J, Kling MA, Hauser P. (1998) Cytokines and brain function: relevance to interferon a induced mood and cognitive changes. Sem Oncol 25: 30-38, .

Tracey K. (2007) Physiology and immunology of the cholinergic antiinflammatory pathway. *J Clin Invest* 117: 289-296, .

Solomon y Moos (1964) en su artículo "Emotions, immunity and disease: A speculative theoretical integration", que se ha considerado en ocasiones como el origen en los inicios de este campo y el trabajo de Ader y Cohen (1975) *Behaviorally conditioned imunossuppresion*. Cardinali, D. P. (2007). *Neurociencia aplicada: sus fundamentos*. Buenos Aires: Médica Panamericana.

CAPÍTULO VI

ESTRÉS, ANSIEDAD Y DEPRESIÓN

Con una visión PINE el estrés prolongado, la ansiedad y la depresión constituyen un continuum psiconeurobiológico.

Los síntomas que traen al paciente a la consulta en general son inicialmente psicoemocionales y podemos repasarlos en la tabla que proponemos en este Manual.

Los síntomas de la ansiedad que podemos tipificar mediante el Test ISRA en cognitivos y motores son en principio casi indistinguibles del estrés agudo. De hecho se ha consensuado en denominarlo Trastorno de Ansiedad Generalizada (TAG) cuando se mantiene más de seis meses. La reacción de estrés es absolutamente instintiva, instantánea, inconsciente y autónoma. La ansiedad significa que esa reacción continúa activa porque se ha tomado conciencia del estresor; requiere de la cognición pero la sintomatología es la misma.

La cognición permitirá atribuirle condiciones al agente estresor, analizarlo y valorarlo. Se pasará así a disminuir su importancia o todo lo contrario; intervendrán en esa evaluación otros factores como la personalidad y vulnerabilidad; si la ansiedad aparece solo como estado o forma parte de un rasgo estable; si intervienen situaciones emocionales previas, etc.

En esta primera instancia están prevaleciendo respuestas físicas relacionadas con el incremento de adrenalina corporal del sistema simpático, manteniendo activado el sistema de alerta con todos sus efectos y procurando que haya más energía disponible para la fuga o la lucha. En los humanos para mantener el estado de alerta, de movilización y eventualmente de evitación o para su afrontamiento.

El organismo está preparado para que esta respuesta esté activada un tiempo relativamente corto. Se trata de una respuesta normal y necesaria para la vida. Cuando el estrés se prolonga el sistema pierde su funcionalidad y actúa de manera deletérea contra el propio organismo.

La estimulación del sistema simpático provoca liberación de noradrenalina (na) a nivel del snc y adrenalina corporal

Y AUMENTO DE :
<ul><li>LA TENSIÓN ARTERIAL, LA FRECUENCIA Y VOLUMEN DE LAS CONTRACCIONES CARDÍACAS</li><li>LA MANUFACTURACIÓN DE GLUCOSA EN EL HÍGADO MAYOR SECRECIÓN DE GLUCAGON E INSULINO RESISTENCIA</li><li>LA FRECUENCIA RESPIRATORIA Y BRONCODILATACIÓN</li><li>LA DILATACIÓN DE LAS PUPILAS (MIDRIASIS)</li><li>LA CIRCULACIÓN EN LOS MÚSCULOS, CORAZÓN Y CEREBRO</li></ul>
Y LA DISMINUCIÓN:
<ul><li>DE LA CIRCULACIÓN EN LOS ÓRGANOS ABDOMINALES: ESTÓMAGO, INTESTINOS, RIÑONES</li><li>Y DE LA PIEL (REDIRECCIONAMIENTO DE LA CIRCULACIÓN)</li></ul>

Es muy común que a medida que el estrés se prolonga alternen síntomas de ansiedad y depresión (Trastorno Ansioso Depresivo Mixto- TADM) comenzando a aparecer alteraciones cognitivas que se producen por neurotoxicidad y neuro inmuno inflamación como ya hemos visto.

AFECTACIÓN NEUROLÓGICA POR NEUROTOXICIDAD Y NEUROINMUNOINFLAMACIÓN EN EL
ESTRÉS PROLONGADO Y DEPRESIÓN

Consecuencia de la combinación de varios factores:

Aumento del CRH y ocupación de Rc cerebrales

Aumento de Cortisol y ocupación plena de Rc T II en hipocampo, hipotálamo, LPF

Aumento de CK inflamatorias IL1, IL 6, FNT alfa en células gliales

Aumento de Amino Ácidos Excitatorios que saturan los Rc NMDA a Glutamato y Sustancia P

Aumento de Kinureninas por alteración enzimática del metabolismo del triptófano

Disminución del Triptófano

Disminución de la Serotonina del sistema nervioso central

Disminución de Melatonina

Disminución de Factor de Crecimiento Deriv. Cerebro (BNDF) e Insulin Grow Factor (GWF)

Disminución de Proteínas Transportadoras de Glucosa (GLUT)

La magnitud y prolongación de los cambios mencionados tienen relación directa con el daño que producen, lo que explica que estrés crónico y depresión se encuentren asociados con un riesgo aumentado de Déficit Cognitivo Leve (DCL) hasta Enfermedad de Alzheimer en hombres y mujeres y también con otras formas de demencia vascular por el daño arterial que se produce.[1]

Cuando el paciente presenta síntomas de ansiedad, TADM, depresión y/o alteraciones cognitivas se observa la importancia de determinar niveles y curvas de los marcadores posibles de analizar en el laboratorio para correlacionarlos con

---

[1] Saczynski J, Beiser A, Seshadri S. et al. Depressive symptoms and risk of dementia: the Framingham Heart Study. *Neurology* 2010 Jul 6. 6;75(1):35-41.

la clínica y establecer el grado de compromiso orgánico y de esta manera poder luego evaluar los resultados de los tratamientos que se efectúen.

En el estrés prolongado se alteran epigenéticamente las estructuras proteicas de diversos receptores, entre ellos los Rc a Glucocorticoides, serotonina y diversos neurotransmisores.

En la disfunción neuronal también tienen influencia las citoquinas (IL) inflamatorias cuando superan una cierta concentración en el tejido cerebral.

Cuando los macrófagos activados empiezan a secretar interleuquina-1 (IL-1), con la CRH aumenta sinérgicamente la ACTH.[2]

Los IRSS actuarían disminuyendo la neuroinflamación y recuperando la funcionalidad de los receptores a Gc y a Serotonina. Por eso se les denomina neuroinmunomoduladores.

Al recuperarse la sensibilidad y funcionalidad de Rc a Gc recomienza el *feed back* negativo sobre la secreción de CRH crónicamente aumentado.

Como vimos, el estrés crónico y la depresión son factores de riesgo para demencia y habría evidencias que la depresión recurrente es particularmente perniciosa. Prevenir la recurrencia de depresión en adultos mayores puede prevenir o retrasar el inicio de una demencia.

El PAQUID[3], un estudio epidemiológico hecho en Francia sobre enfermedad de Alzheimer efectuado sobre una población de 3.777 sujetos de más de 65 años seguidos durante 24 años, demostró que los síntomas depresivos incrementan riesgo de desarrollar demencia en los siguientes 8 años (sólo en hombres).

También se encontró que el riesgo de demencia es 50%

<hr>

[2] Besedovsky H. del Rey A. Immune-neuro-endocrine interaction: facts and hypoteses. *Endocrin. Rev.* 1996.17:64-102.

[3] PAQUID. *Am J Epidemiol.* 2009 Feb 15;169(4):489-96. Epub 2008 Dec 8. "Aluminum and silica in drinking water and the risk of Alzheimer's disease or cognitive decline: findings from 15-year follow-up of the PAQUID cohort." Rondeau V, Jacqmin-Gadda H, Commenges D, Helmer C, Dartigues JF.

mayor en hombres depresivos hipertensos que en normotensos y que la hipertensión no incrementa el riesgo en mujeres.[4]

También diversos estudios muestran la correlación entre pacientes que sufren estados de Distimia y Trastorno ansioso depresivo mixto con incremento de IL 6 en plasma y disminución del Factor de Crecimiento Derivado del Cerebro (BDNF).[5]

En estrés crónico y depresión se ha encontrado aumento de IL 1 e IL 6 como marcadores de estrés crónico y severidad de la patología.

Está suficientemente demostrado que en pacientes deprimidos se encuentra disminuido el volumen del hipocampo, por disminución de la proliferación, atrofia o pérdida de dendritas, neuronas y células de la glía.[6]

Se van incorporando así resultados de diagnósticos por imágenes que seguramente nos brindarán una creciente información en un futuro próximo.

Actualmente se estudian otros mecanismos de interacción neuronal que se alterarían en estos estados neuroinmunoinflamatorios, como el de las interneuronas que son neuronas integradoras multipolares con axones muy cortos que conectan neuronas cercanas, aferentes, con neuronas eferentes en los tractos neuronales o nerviosos.

Funcionan como un puente comunicacional, intercomunicando a las neuronas sensoriales con las neuronas motoras. Solo se encuentran en el sistema nervioso central. Modulan la transmisión de información haciéndola más eficaz.

El cerebro de un hombre adulto puede tener en torno a

---

[4]Furher R.: Exploring sex diferences in the relationship between depressive symptons and dementia incidence; *J.Am. Geriatr Soc* 2003.

[5]Yoshimura R, Umene-Nakano W, Hoshuyama T. et al. Plasma levels of brain-derived neurotrophic factor and interleukin-6 in patients with dysthymic disorder: comparison with age- and sex-matched major depressed patients and healthy controls. *Hum psychopharmacol.* 2010 nov;25(7-8):566-9.

[6]Taleisnik Samuel. *Neurogénesis*, (2012). Pág. 156. Encuentro Grupo Editor. Citado en este libro.

10.000 millones de neuronas, y cada una de ellas puede participar en miles de conexiones. El correcto desarrollo de este complejo sistema depende de la expresión de diversas moléculas de adhesión y otras proteínas. En su funcionalidad juega un papel importante el triptófano.

Entre ellas resaltan:

- Las Cadherinas: proteínas transmembrana tipo I y tipo II (conocidas también como cadherinas clásicas) se unen a la actina que se encuentra formando parte del citoesqueleto y son muy importantes en el mantenimiento de la estructura de la neurona y en el desarrollo de circuitos neuronales.

- Los receptores CNR (Cadherin-like Neuronal Receptors) se localizan principalmente en la región donde se produce la sinapsis. Existen distintas isoformas que se generan por splicing alternativo y que mantienen constante la región citoplasmática.

- Inmunoglobulinas: son proteínas transmembrana de adhesión de la familia de las inmunoglobulinas (IgCAM). Algunas se unen solamente a moléculas iguales a ellas, otras pueden unirse a IgCAM distintas y otras pueden incluso reconocer y unirse a proteínas de otras familias como por ejemplo integrinas.
Estudios en nematodos han demostrado la importancia de las uniones mediadas por IgCAM en el desarrollo neuronal.

- Integrinas. Son proteínas transmembrana de tipo I (de un único paso). En el sistema nervioso central se han encontrado integrinas en distintos tipos celulares como neuronas, glía, células endoteliales y células meníngeas. Se ha demostrado la importancia de las integrinas en la regulación de la proliferación y migración de los oligodendrocitos. Además las integrinas son capaces de unirse a la proteína extracelular trombospondina que es una proteína generada por los astrocitos que facilita la formación de sinapsis. Las integrinas juegan un importante papel en la adhesión neuronal en el sistema nervioso periférico que es el que está mejor caracterizado. Las integrinas son muy importantes en la formación de la unión neuromuscular. Las células de Schwann se unen a la matriz extracelular a través de integrinas.

- Neurexinas y Neuroliginas: son unas proteínas de membrana de las células neuronales que participan en las uniones intercelulares uniéndose a otras proteínas llamadas neuroliginas. al igual que en las integrinas, las neurexinas junto con las neuroliginas pueden llevar a cabo procesos de señalización intercelular. De hecho actualmente se cree que la función principal del sistema neurexina-neuroligina es la de señalización y no la de adhesión celular.

La neuroinmunoinflamación afecta la funcionalidad de las interneuronas y aparecen síntomas cognitivos, como dificultades de concentración y alteraciones de la memoria de trabajo (memoria a corto plazo).

Un mecanismo simple lo puede explicar. Toda inflamación implica edema, es decir, mayor cantidad de líquido intersticial en el sector inflamado. Si eso ocurre en el sistema nervioso, aunque sea a nivel ultramicroscópico ese incremento de líquido a nivel interneuronal lo puede alterar funcionalmente.

En nuestros estudios por el momento nos limitamos a medir Proteína C Reactiva (PCR) ultrasensible e Interleuquinas 1, 6 y FNT como indicadores de estado inmunoinflamatorio.

La IL-1 es de los primeros mediadores liberados en grandes cantidades por células centinelas como los macrófagos en tejidos periféricos y en el tejido nervioso por los astrocitos y células microgliales (Inui 2001).

Al establecerse una respuesta inmune se ponen en marcha, junto con la liberación central y periférica de IL-1 e Il 6, diversos procesos mediados por la síntesis y liberación de glucocorticoides por parte del eje hipotálamo-hipofiso-suprarrenal.

Los glucocorticoides aumentan en forma sostenida durante el estrés crónico y se ha demostrado la asociación entre el estado de estrés crónico y la mayor susceptibilidad de contraer infecciones u otras enfermedades con un fuerte componente inmunológico como los desórdenes autoinmunes (Marques-Deak 2005, Cutolo 2007).

Es interesante comentar que se han publicado trabajos sobre los efectos cognitivos de las Interleuquinas que dicen que los efectos de la IL-1 sobre la LTP son contrapuestos a los de otra citoquina, la IL-6, que devendría en una 'citoquina para olvidar', postulando que habría un balance fisiológico de IL-1 e IL-6 endógenas en ciertas funciones cognitivas (Balschum, del Rey, Besedovsky, ver ref. 12).

CAPÍTULO VII

VARIACIONES DE LA GLUCEMIA
(HIPER E HIPOGLUCEMIAS)
EN ESTRÉS, ANSIEDAD, DEPRESIÓN

Anteriormente hemos esbozado algunos mecanismos de insulinorresistencia secundarios a estrés prolongado que de no ser corregidos llevan inevitablemente a la Diabetes tipo II.

En todo tipo de diabetes, una de sus complicaciones neurológicas potenciales es el déficit cognoscitivo y la depresión asociada.

Los daños estructurales, electrofisiológicos, neuroquímicos y anatómicos responsables de déficits cognitivos en diabetes son similares a los observados en los animales de experimentación sometidos a estrés crónico.

La diabetes es un estresor metabólico crónico que provoca disminución de la neuroplasticidad en LPF e hipocampo similares a la depresión. También se afectarían las amígdalas cerebrales y el hipotálamo.

A través de complejos mecanismos todavía no muy bien dilucidados, la insulina interviene en:
- activación del transportador de glucosa
- activación de factores mitogénicos y de crecimiento
- síntesis de proteínas y lípidos
- síntesis de glucógeno

En el Estrés se produce insulino Resistencia y Diabetes Tipo II por acción antagónica del Cortisol sobre Receptores insulínicos del músculo, por la adipogénesis provocada por el cortisol con producción de la CK Resistina del adipocito y por la acción de CK proinflamatorias en periferia.

También actúa disminuyendo las Proteínas Transportadoras de glucosa a través de las membranas celulares, especialmente las Glut-1 y 3 que son los transportadores con mayor afinidad por la glucosa.

El tejido nervioso, neuronas y glía junto a los glóbulos rojos, placenta y células embrionarias dependen casi exclusivamente de la glucosa para sus requerimientos energéticos.

Hemos abundado sobre el tema en otros apartados de este libro.[1]

Pero debemos señalar la frecuencia con que encontramos en pacientes estresados cuadros de hipoglucemia.

Este tipo de hipoglucemias fue descripta en los años setenta como "Hipoglucemia reactiva" en el libro *Medicina Interna* de Harrison.

La Hipoglucemia Reactiva Posprandial (HRP) es una condición patológica en la que aparecen síntomas compatibles con hipoglucemia en situación postprandial, habitualmente durante las 4 horas posingesta, coincidiendo con glucemias menores de 60 mg/dL. Esta entidad ha sido muy cuestionada, fundamentalmente debido a los diferentes criterios utilizados para la definición de hipoglucemia, a la inespecificidad de la clínica, al escaso conocimiento inicial de su fisiopatología y al uso inapropiado de la sobrecarga oral de glucosa (SOG).[2]

[1] Balu DT Lucki I. Adult hipocampal neurogenesis regulation, functional implicacion and contributions to disease patologhy. *Neurosci. Behav. Rev.* 33: 332-352. 2009.

[2] http://www.monografias.com/trabajos15/hipoglucemia/hipoglucemia.shtml#ixzz3d2ua2UgS

De hecho, los términos aplicados a la HRP han sido muy diversos (hiperinsulinismo funcional, hipoglucemia esencial, hipoglucemia funcional, disinsulinismo, astenia hipoglucémica, hipoglucemia insulinogénica e hipoglucemia relativa).

Su cuadro clínico es muy similar a cualquier tipo de crisis de ansiedad: nerviosismo, sensación de ahogo, debilidad, palpitaciones, irritabilidad, visión borrosa, sudoración, sensación de hormigueo o entumecimiento en las extremidades, mareo, temblores hasta lipotimias.

En general, se presentan en pacientes no diabéticos y "casi siempre por un exceso de insulina (hipoglucemia espontánea por hiperinsulinismo funcional), en personas habitualmente inestables, dinámicos, tensos y ansiosos; a los que se le asocian manifestaciones de hiperactividad del sistema nervioso autónomo como hiperacidez e hipermotilidad intestinal. Los síntomas aparecen de 2 a 4 horas después de la ingestión de alimento".[3] [4]

En nuestras observaciones encontramos con frecuencia glucemias a las dos horas posestímulo iguales o más bajas que en ayunas sin variaciones importantes de los valores de insulina en sangre, en pacientes estresados.

El Prof. Besedovsky junto a Del Rey y colaboradores ha presentado trabajos de investigación sobre hipoglucemia que resulta de alteración de receptores por CK cerebrales.[5]

Estudios recientes confirman y extienden observaciones de 1987 acerca *del efecto hipoglucemiante de la IL-1* (del Rey 1987) demostrando que CK endógenas en el SNC regulan la

---

[3] F.J. Escalada, S. Laguna, S. Botella. (2009) Hipoglucemia reactiva. ¿Mito o realidad? *Av Diabetología*. 25:287-92.

[4] Reagan l. Diabetes as a chronic metabolic stressor: causes, consequences and clinical complications. *Exp. Neurology*. 2011. febr.12.

[5] Besedovsky H.- Del Rey (1975). "These findings while admittedly preliminary, suffice to provide an indication of a temporal pattern of hormonal change during the immune response which could be important in immunoregulation" - Besedovsky, H.O.; Del Rey, A.; Sorkin, E. (1984) "Integration of Activated Immune Cell Products in Immune Endocrine Feedback Circuits." p. 200 in *Leukocytes and Host Defense* Vol. 5 [Oppenheim, J.J.; Jacobs, D.M., eds]. Alan R. Liss, New York.

homeostasis de glucosa en forma independiente de insulina y en respuesta a altos niveles de glucocorticoides, catecolaminas y glucagon (del Rey, 2006).

Situación que se traduce en la clínica en pacientes estresados y en TEPT que presentan crisis de hipoglucemia sin relación con los niveles de insulina, sobre la que pudimos conversar con el Prof. Besedovsky en el III Congreso de la FLAPNIE realizado en Córdoba en el año 2012, en relación a esta posibilidad de unir los hallazgos de la investigación experimental y la clínica práctica.

Es el comienzo de la explicación de los cuadros descriptos en los años 70 como "Hipoglucemias reactivas".

Teniendo en cuenta los datos mencionados en este apartado, el estudio de la glucemia y la insulina en ayunas y posestímulo luego de dos horas puede brindar importantes datos sobre las repercusiones del estrés en la persona que estamos estudiando.

Bibliografía

Balschun D., Wetzel, A. del Rey,F., Pitossi, Schneider F., Zuschratter, and Besedovsky H. - Interleukin-6: a cytokine to forget . *The FASEB Journal*- Vol. 18 November 2004.

Luciana Larocca, Mario Calafat, Valeria Roca, Rosanna Ramhorst y Claudia Pérez Leirós. *Rev. Química Viva*. Vol 7/N°8. 2008. El lenguaje químico de la interacción inmune-neuroendócrina. http://www.quimicaviva.qb.fcen.uba.ar/

Hill MR, Stith RD, McCallum RE. Interleukin 1: a regulatory role in glucocorticoid-regulated hepatic metabolism. *J Inmunol* 1986; 137:858-62.

Dunn AJ, Wang J. Cytokine effects on CNS biogenic amines. *Neuroinmunomodulation* 1995; 2:319.

Maes MA. A review on the acute phase response in major depression. *Rev Neurosci* 1993; 4:407-16.

CAPÍTULO VIII

ESTRÉS Y SÍNDROME METABÓLICO

Marañón, eminente médico clínico español, en 1947, llamó la atención sobre la adiposidad de la mitad superior del cuerpo (la llamó obesidad "androide" o "de tipo masculino") como el tipo de obesidad que iba comúnmente asociada con los trastornos metabólicos que se observan en la diabetes tipo 2 y las enfermedades cardiovasculares.[1]

Kylin, un médico sueco, lo describió por primera vez en los años 20 del pasado siglo, como la asociación de hipertensión, hiperglucemia y gota.[2]

El estrés cuando se prolonga se convierte en generador de alteraciones hormonales e inmunológicas que van provocando los diversos síntomas que configuran el síndrome metabólico. En nuestra experiencia vemos que en general el síndrome metabólico desarrolla en las personas que tienen un eje neuroendócrino hiperreactivo.

Hemos visto por un lado la modificación de los lípidos, movilizados por el cortisol y la adrenalina desde sus depósitos hacia la sangre (neoglucogénesis) con el consiguiente incremento en plasma. Cuando se prolonga genera que las grasas de la sangre en exceso se depositen en el hígado excediendo su capacidad de metabolización (Hígado graso).

[1] Vague J. Sexual Differentiation. A Factor Affecting the Forms of Obesity. *Presse Med-* 1947; 30: 339-40.

[2] Kylin E. Studien ueber das Hypertonie-Hyperglyka "mie-Hyperurika" miesyndrom. Zentralblatt fuer Innere. *Medizin.* 1923; 44: 105-27.

El cortisol inhibe la captación (por parte de los fibroblastos y células del músculo liso) de las lipoproteínas de baja densidad (LDL) por lo que siguen aumentando en plasma y comienza su oxidación e incidencia en la disfunción endotelial.

La insulina circulante, a través de la unión a su receptor, en condiciones de normalidad aumenta la captación de glucosa en el músculo y el tejido adiposo, inhibe la producción hepática de glucosa, estimula la glucólisis, la lipogénesis, la glucogénesis y la síntesis de proteínas e inhibe la b-oxidación de ácidos grasos, la glucogenolisis y la proteolisis.

La resistencia a la insulina se define como la incapacidad genética o adquirida de los tejidos blancos (páncreas, músculos, células) de responder normalmente a la acción de la hormona circulante.

Los mecanismos moleculares de la resistencia a la insulina constituyen una variedad de alteraciones en la señalización de la insulina y en la regulación de la expresión y síntesis de adipocinas.

La adipogénesis e incremento de grasa visceral, las adipoquinas y entre ellas las resistinas, la disminución de actividad de proteínas transportadoras contribuirán a la insulinorresistencia colaborando con el propio cortisol, situación que puede llevar a la Diabetes Tipo II.

El cortisol y las CK inflamatorias provocan inhibición de la utilización periférica de la glucosa con disminución de la translocación de transportadores de glucosa a la membrana celular.

Entre las principales sustancias involucradas en este último proceso se encuentran la CK TNF-a y los ácidos grasos libres. Los ácidos grasos libres son probables mediadores sistémicos de la acción de TNF-a porque producen resistencia hepática a la insulina y alteraciones en el metabolismo de los lípidos e hidratos de carbono que desembocan en mayor resistencia a la insulina.

Otros trabajos implican también al estrés con mecanismos relacionados con la Hormona de Crecimiento que actuaría en este caso como diabetógena a través de la transferrina producida en el Hígado y acción trófica específica a través de Factores de Crecimiento.[3]

Cuando nos encontremos frente a una persona afectada por estrés prolongado debemos tener en cuenta qué medicación le pueden haber administrado, dado que los psicofármacos pueden modificar los niveles de glucemia favoreciendo la Insulinorresistencia y la generación de síndrome metabólico. Es así que la Diabetes Tipo II, es cuatro veces mas frecuente en esquizofrénicos con tratamientos farmacológicos comparados con la población general.

El tejido adiposo, verdadero órgano endocrino, es también generador de Angiotensina II (Ag II) que se suma al incremento mediado por el sistema beta adrenérgico de liberación de Renina por el sistema yuxtaglomerular de los riñones con su acción sobre el angiotensinógeno para la producción de Ag I y II.

La liberación de Vasopresina (VP) como respuesta al estímulo hipotalámico se suma al efecto vasoconstrictor de la adrenalina incrementada y la Ag II, con el consecuente aumento de la resistencia periférica (RP).

La estimulación suprarrenal, provoca además de cortisol, aumento de la secreción de aldosterona que incrementa aún más el volumen minuto sanguíneo (VM).

Recordemos que la VP también se denomina Hormona Antidiurética (ADH) y contribuye también a retener líquido por lo que aumenta accesoriamente el VM Sanguíneo.

Aumento de RP y de VM significan Hipertensión Arterial, comúnmente llamada "esencial".

---

[3] Vargas L, Kawada ME. (1994) Adrenal and liver participation in the rat's poststress diabetic response: Horm Metab Res 1976; 8: 383-8. y Paredes O, Kawada ME, Vargas L. Stress-induced hyperglycemia and hypoinsulinemia are suppressed by sulfonylurea. *Biol Res.* 27: 135-43.

Tendremos así incremento de Grasa visceral (aumento del diámetro de la cintura), Dislipemia, Insulinorresistencia hasta Diabetes Tipo II e Hipertensión Arterial. A lo que se agregan los procesos de oxidación de LDL que penetran en endotelios vasculares alterados por endotelitis y disfunción endotelial provocada por citoquinas inflamatorias (endotelinas). A todo este proceso se agregan fenómenos de hipercoagulabilidad ligados a la producción de marcadores de inflamación y factores de coagulación en el Hígado.

Algunos estudios aseguran que desde que se instalan al menos tres de estos fenómenos fisiopatológicos, de no corregirlos provocarán enfermedad coronaria o cerebrovascular antes de los cinco años.

Sindrome metabólico:

Triglicéridos altos	≥ 150 mg/dL o estar con tratamiento farmacológico específico
Colest. HDL bajo	< 40 mg/dl. en varones < 50 mg/dl. en mujeres o seguir un tratamiento específico
Hipertensión	Sistólica: ≥130 mmHg o diastólica: ≥85 mmHg (jóvenes) y 140/85 en adultos o seguir un tratamiento para una hipertensión previamente diagnosticada
Insulinorresistencia (Criterio AMEPINE)	Glucemia en ayunas > 110 mg o diabetes tipo II ya diagnosticada Valor de Insulina Posestímulo (2 hs) > 5 veces o más que en ayunas
Obesidad central - Circunferencia de cintura	≥ 94 en Varones ≥ 80 en Mujeres

Criterios AMEPINE:	Eje neuroendócrino hiper reactivo o hiporreactivo por agotamiento adrenal
Criterios AMEPINE[4]:	Personalidad Tipo "A" utilizada en Cardiología

También el sistema inmune interviene en la producción de síndrome metabólico, a través de las modificaciones que produce el estrés sobre las células Treg.

Los Linfocitos Treg suprimen activamente las respuestas inmunes patológicas y fisiológicas, y por lo tanto, contribuyen al mantenimiento de la homeostasis.

Los L Treg son una subpoblación de linfocitos T CD4+ que contribuyen al mantenimiento de la autotolerancia inmunológica y a la homeostasis inmune.[5]

Los mecanismos básicos mediante los cuales las células Treg llevan a cabo su función son: síntesis de citocinas, citólisis, modulación del microambiente y mediante receptores de superficie.

Los estudios de células Treg relacionados con la obesidad parecen mostrar una disminución de estas células en el tejido adiposo, lo que indicaría una pérdida de protección por parte de las células Treg que conduciría a un estado inflamatorio.

En Diabetes Mellitus Tipo 2 (DM2), se han reportado niveles disminuidos de células Treg y una correlación con la resistencia a la insulina y los niveles de glucosa; además, su expansión revierte las alteraciones metabólicas, lo que indicaría una función primordial en esta enfermedad.

En resumen, las células Treg tienen una participación muy activa en la regulación del sistema inmune y en la fisiopatología de la obesidad y la DM2, por lo que podrían ser un blanco

---

[4]Asociación de Medicina del Estrés y PsicoInmunoNeuroEndocrinología.
[5]Yamaguchi T, Wing JB, Sakaguchi S. (2011) Two modes of immune suppression by Foxp3(+) regulatory T cells under inflammatory or non-inflammatory conditions. *Semin Immunol.* 23(6):424-30.

terapéutico para el tratamiento de estas enfermedades; sin embargo, es necesario realizar más estudios para corroborar esta propuesta.[6]

En un futuro próximo veremos cada vez más trabajos de investigación sobre los L Treg, las CD17 y la IL 10 en relación a estas patologías, a la depresión y al estrés crónico.

---

[6]Juan Manuel Guzmán-Flores y Diana Patricia Portales-Pérez. *Gaceta Médica de México*. 2013;149.630-8 "Mecanismos de supresión de las células T reguladoras (Treg)".

CAPÍTULO IX

ALGIAS Y CONTRACTURAS CRÁNEO Y CÉRVICO-DORSALES

La Formación Reticular (FR) conocida también como Sistema Reticular Ascendente SARA consiste en una columna de más de 100 pequeñas redes neurales ubicadas en el Tronco Encefálico cada una con sus funciones, como:

- control tono motor somático
- centro respiratorio y control cardiovascular
- modulación del dolor (serotonina)
- sueño y vigilia (noradrenalina, serotonina)
- desencadenamiento del vómito (allí actúan sulpirida y metoclopramida)
- tiene conexiones con el cerebelo y participa en el desencadenamiento del vértigo
- integra información sensitiva y sensorial provenientes de los nervios espinales y craneanos

Recibe información de la corteza cerebral, tronco encefálico y cerebelo y emite fibras eferentes hacia los mismos centros. Entre los numerosos núcleos que se radican en ese lugar nos interesan particularmente dos, los N. motores del Trigémino y Facial que tienen directa relación con la expresividad emocional espontánea y autónoma.

El Locus Ceruleus (LC) es un núcleo del Tronco cerebral que tiene a su cargo la estimulación del Sistema Nervioso Autónomo en su rama simpática. Su activación en el estrés desencadena de manera instantánea una invasión de adrenalina en todo el organismo y activa por vía nerviosa la liberación de noradrenalina en hipotálamo y en otras zonas corticales del cerebro.

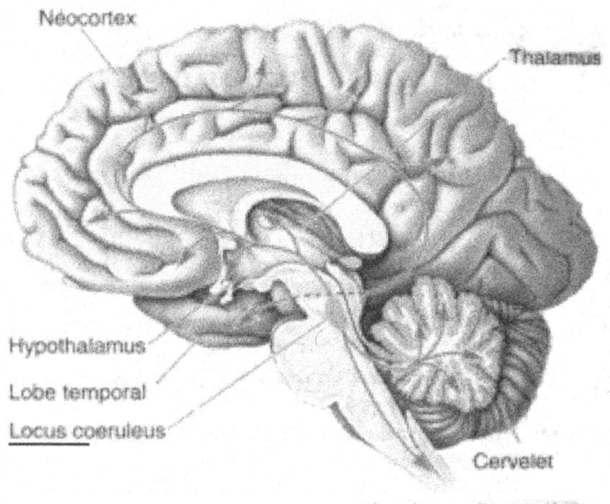

Figura obtenida de Google imágenes

El Locus Coeruleus es el sitio principal para la síntesis de noradrenalina en el SNC, de apariencia azul a partir de la melanina contenida en sus 22.000 a 51.000 de neuronas pigmentadas. Las proyecciones de este núcleo llegan a todas partes con efecto excitatorio en la mayor parte del cerebro.

Recibe aferentes desde el hipotálamo, el giro cingulado y las amígdalas.

Influye sobre: la respuesta de estrés, alerta y excitación; el ciclo sueño-vigilia; la atención, la memoria y la neuroplasticidad, las emociones; la flexibilidad del comportamiento, la inhibición de la postura y el equilibrio.

La Formación Reticular o SARA consiste en una columna de más de 100 pequeñas redes neurales cada una con sus

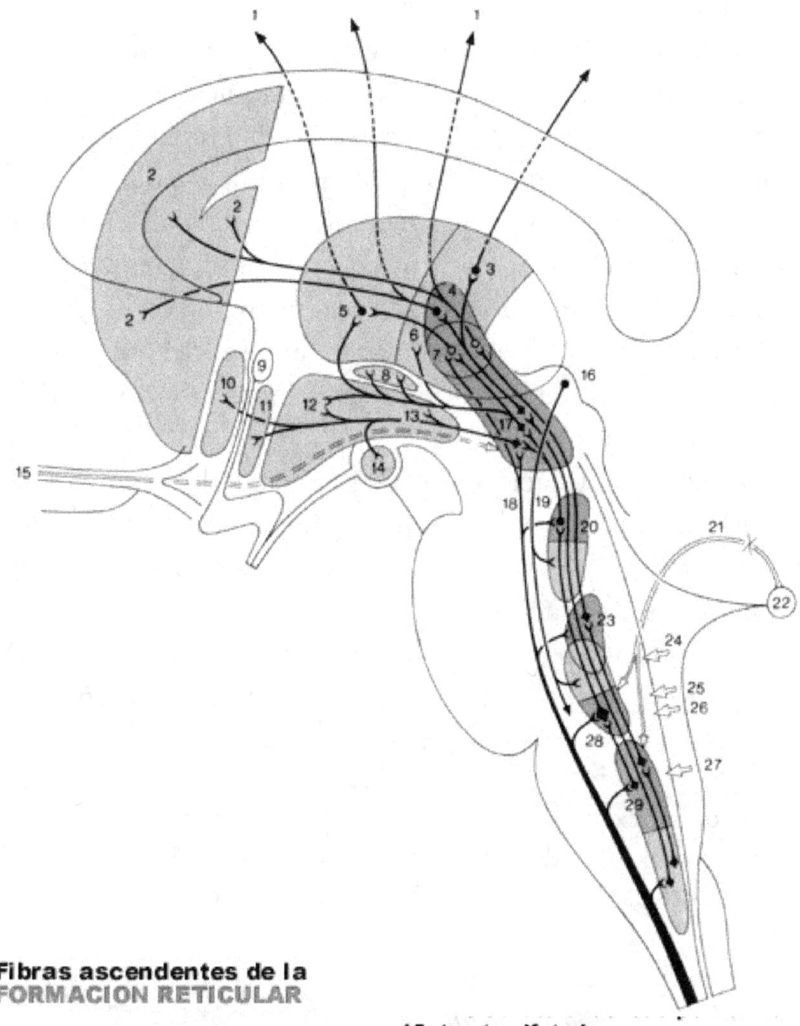

Fibras ascendentes de la
FORMACION RETICULAR

1. corteza cerebral
2. núcleos de la base
3. núcleo lateral posterior
4. núcleos intralaminares
5. núcleo ventral lateral y anterior
6. núcleo ventral posterior
7. núcleo centromediano
8. zona incerta
9. comisura anterior
10. núcleos septales
11. núcleo preóptico
12. area lateral del hipotálamo
13. aarea tegmental ventral
14. núcleo lateral del cuerpo mamilar

15. tracto olfatorio
16. colículo superior
17. formación reticular mesencefálica
18. tracto espinorreticular
19. tracto tectobulbar y tectoespinal
20. núcleo reticular del puente oral
21. fascículo uncinado cerebeloso
22. núcleo fastigio
23. núcleo reticular pontino caudal
24. ingreso del trigémino
25. ingreso del n. acústico
26. ingreso del n. vestibular
27. ingreso del tracto del núcleo solitario
28. núcleo gigantocelular
29. núcleo bulbar central

Figura obtenida de Google imágenes

funciones, como: control del tono motor somático, están allí los centros que regulan la respiración y control cardiovascular. Las alteraciones en este nivel provocan taquicardia a veces paroxística, alteraciones del ritmo sueño-vigilia (estado de alerta), el control sobre el tono motor y mantenimiento del equilibrio postural ante situaciones permanentes de tensión emocional, explica en gran medida las contracturas musculares y por medio de sus conexiones al cerebelo interviene en la producción de vértigo y actúan en el desencadenamiento del vómito. Esta zona es el lugar de acción de medicaciones como sulpirida y metoclopramida.

Integra información sensitiva y sensorial provenientes de los nervios espinales y craneanos y recibe información de la corteza cerebral, otros núcleos del tronco encefálico y cerebelo y emite fibras eferentes.

En esta zona se radican núcleos serotoninérgicos que irradian a todo el cerebro. Entre otras cosas intervienen en la modulación del dolor (acción analgésica de antidepresivos).
Además los N. de Facial, Trigémino y Ambiguo tienen relación directa con las expresiones faciales espontáneas, como ya señalamos. La Formación reticular (SARA) descarga excitaciones sobre los núcleos motores de la médula espinal y sobre el cerebelo a través de sus conexiones.

Los músculos anti-gravitatorios se ponen muy tensos y se produce dolor de cuello por contracción permanente de los músculos erectores de la cabeza. A nivel de la cintura pelviana habrá dolor de tipo lumbalgia por la misma razón.

A este mecanismo se le suman las CK inflamatorias que afectan músculos y sus fascias provocando fascitis y miositis en las mismas áreas afectadas.

Lo más común es que se manifiesten los síntomas en zonas cérvico-dorsales como síndrome del trapecio. Provocan rectificación de la lordosis fisiológica de la columna cervical que se objetiva radiológicamente.

El Nervio Vago o Neumogástrico es el décimo (X) de los doce pares craneales. Nace del bulbo raquídeo (Núcleos del Tracto Solitario –NTS– y Ambiguo) e inerva la faringe, el esófago, la laringe, la tráquea, los bronquios, el corazón, el estómago, el páncreas, glándulas endocrinas, hígado, intestino, aparato reproductivo y genitales.

El núcleo del tracto solitario recibe aferencia de la mayoría de los sistemas orgánicos incluyendo las terminaciones de los nervios vagos, faciales y glosofaríngeos.

Es el principal coordinador del sistema nervioso autónomo en la regulación de los aparatos cardiovasculares, respiratorios, gustativos, gastrointestinales y de los quimioreceptores de la hemostasis.

En la fisiopatología de los dolores miofasciales parece haber una disfunción de la placa motora por liberación excesiva de acetilcolina secundaria a microtraumas repetidos. Las zonas dolorosas involucradas tienen mucha similitud con la Fibromialgia.

Los tratamientos fisioterápicos actúan sobre las zonas cérvico-craneales provocando relajación de la musculatura y seguramente liberación de endorfinas y citoquinas antiinflamatorias. Asimismo las maniobras actúan sobre los centros del sistema nervioso autónomo del tronco encefálico.

Desde los núcleos del rafe parten estímulos hacia todo el cerebro que tienen como efecto influir sobre los ciclos sueño vigilia.

En la Teoría Polivagal[7] se establece que el desarrollo de los síntomas psicológicos y físicos de los síndromes crónicos está asociado con una elevada actividad simpática y que la modificación de esta podría disminuirlos.

---

[7]Porges, S.W. (2001). The Polivagal theory: Phylogenetic substrates of a social nervous system. *International Journal of Psychophysiology; 42,* 123-146.

El síndrome doloroso miofascial (SDM)[8] es la fuente más común de dolor músculo esquelético entre la población adulta a nivel mundial[9] y la forma más ordinaria de presentación de dolor regional en la clínica. En México, cerca del 27.7% de las personas adultas sufren dolor de origen musculoesquelético, siendo esta la principal causa de visitas al médico y de incapacidad laboral.[10]

Son considerados un trastorno a nivel neuromuscular por una excesiva descarga sobre la placa motora terminal, lo que resulta en la contracción sostenida de pequeños grupos de fibras musculares que forman el "nódulo blando" y la "banda muscular tensa" que se encontrará en los "puntos gatillo" al examen clínico.[11]

Diversas publicaciones relacionan la aparición de estos trastornos con una disfuncionalidad del eje neuroendócrino (HHA) aunque no de manera específica. Sin embargo, en nuestra experiencia encontramos de manera mucho más frecuente este tipo de síndromes en pacientes con eje HHA hiporreactivo.

En el interesante trabajo publicado por Ruvalcaba P. y Domínguez T. (ver 2) se puede leer: "Ya otros científicos han mostrado cómo incrementos en la actividad parasimpática se relacionan con mejoría en los síntomas físicos y con disminuciones en la intensidad percibida de dolor y en los estados de ansiedad y depresión de los pacientes con SDM y aunque se

---

[8]Gerardo Ruvalcaba Palacios y Benjamín Domínguez Trejo. (2011) Efectos psicológicos y físicos de la modulación autonómica en el dolor miofascial: un estudio aleatorizado *Rev. Mex. Anál. Conducta* vol.37 no.2 México ene.

[9]Myburgh C., Larsen A.H., & Hartvigsen, J. (2008). A systematic, critical review of manual palpation for identifying miofascial trigger points: Evidence and clinical significance. *Archives of Physical Medicine and Rehabilitation*, 31, 1169-1176.

[10]Bistre, C.S. (2009). Impacto social y humano del dolor crónico. En C.S. Bistre (Ed.), *Dolor: cuidados paliativos, diagnóstico y tratamiento* (pp. 465-467), México, D.F.

[11]Takamoto, K., Sakai, S., Hori, E., Urakawa, S., Umeneo, K., Ono, T., & Nishijo, H. (2009) Compression on trigger points in the leg muscle increases parasympathetic nervous activity based on hearth rate variability. *Journal of Physiological Sciences*; 59, 191-197.

acepta que la actividad simpática y parasimpática no son completamente antagónicas y que la diminución en una no supone necesariamente un incremento en la otra, sí puede decirse que las intervenciones basadas en la relajación y la retroalimentación biológica (como la realizada en el presente estudio) tienen el efecto de aumentar la actividad parasimpática y disminuir la simpática, por lo que los resultados obtenidos sirven de base para aceptar que la actividad autonómica es un elemento que debe considerarse para comprender completamente los mecanismos que subyacen a la instalación, permanencia, desarrollo y tratamiento de los síndromes crónicos musculares".

La teoría de Porges propone un interesante planteo relacionado con aspectos evolutivos indicando que en los humanos existe aferencias y eferencias simpáticas y vagales hacia y desde los órganos sensoriales que han condicionado desde respuestas en las expresiones faciales difíciles de controlar voluntariamente a otro tipo de respuestas y reacciones adaptativas que pueden provocar dolor muscular por desarrollarse y permanecer debido a la utilización de estrategias que son adecuadas para enfrentar el dolor agudo, pero que no lo son para enfrentar la lesión crónica. El planteo de los autores es que son susceptibles de ser modificadas conscientemente a través del entrenamiento.

En nuestro grupo la Mgter. Lic. Marisel Martini está realizando interesantes investigaciones con respecto a la relación entre trastornos de ansiedad, depresión, déficit cognitivo leve y Variabilidad de la Frecuencia Cardiaca. Al respecto existen trabajos que relacionan el dolor provocado en los "puntos gatillo" de dolor miofascial con la variabilidad cardíaca.[12]

Se cree que el nervio vago estimula ciertos músculos en la cavidad bucal permitiendo la comunicación vocal además de

---

[12] Takamoto, K., Sakai, S., Hori, E., Urakawa, S., Umeneo, K., Ono, T., & Nishijo, H. (2009) Compression on trigger points in the leg muscle increases parasympathetic nervous activity based on hearth rate variability. *Journal of Physiological Sciences*; 59, 191-197.

lo expuesto sobre su relación con los órganos sensoriales y que existen comunicaciones entre los núcleos del Vago y la zona de la circunvolución del Cíngulo en la corteza temporal, por lo que se vincula evolutivamente esta asociación con el desarrollo de la socialización.

Es sabido que el neurotransmisor (NT) que utiliza este nervio es la acetilcolina y debemos recordar que es a nivel del cerebro un NT esencial en los procesos del aprendizaje y la memoria. A nivel cardiovascular reduce la frecuencia cardíaca y en general se lo vincula con la relajación y la calma.

Asimismo algunas investigaciones relacionan la incentivación de la actividad vagal con la mejora de la neurogénesis, el aumento de la producción del Factor Neurotrófico Derivado del Cerebro (BDNF) y la producción a nivel visceral de CK antiinflamatorias.

El vago es en sí mismo un poderoso órgano sensorial. Informa al cerebro vía núcleos del Tracto Solitario y Ambiguo del Tronco Cerebral de los trastornos y procesos patológicos a nivel visceral (ap. digestivo, pulmones, corazón, gónadas, etc.); no solo por conducción nerviosa sino también por medio de CK que por vía retrógrada van desde las vísceras al cerebro. De esa manera activan el sistema de estrés para bloquear y superar la infección, inflamación, etc. También, como hicimos notar, desde el SNC puede conducir hacia todo el organismo mensajes de normalización a través de la acetilcolina y de CK antiinflamatorias.

Estos hallazgos dan sustento a prácticas como la hipnosis, técnicas de relajación e incluso acupuntura que se ha demostrado incrementan por esta vía las CK antiinflamatorias.

Es probable que también técnicas como MDER puedan vincularse a las funciones del vago en relación a los movimientos oculares, estimulación auditiva, etc.

CAPÍTULO X

SÍNTOMAS Y ENFERMEDADES CARDIOVASCULARES POR ESTRÉS

En 1628 William Harvey, en su libro del sistema cardio-vascular, escribió: 'un hombre sano y fuerte que recibió una injuria y afrenta de otro más poderoso que él y sobre el cual no pudo responder o vengarse, fue superado por el odio, la pasión y el rencor que no logró expresar ni a sus más íntimos, cayó finalmente en un extraño disconfort sufriendo de una gran opresión y dolor en el corazón y el pecho por los cuales muere en corto tiempo".

Y William Osler, en 1892: "En la preocupación y la tensión de la vida moderna, la degeneración de las arterias no sólo es muy común, sino que aparece a edades más tempranas. Por eso creo que las altas presiones con las que vive el hombre y el hábito de hacer trabajar la máquina a su máxima capacidad son las responsables, más que los excesos en la alimentación y la bebida".

Desde hace años, se sabe que los estados emocionales de un individuo están asociados con la enfermedad coronaria.[1] Pero ¿cómo se encara el tratamiento de los aspectos emocionales de estos pacientes? ¿Es posible prevenir un infarto curando, por ejemplo, la depresión?

---

[1] Citado por Roiter Héctor. (2004) Estrés psicosocial y enfermedad coronaria - Selección de abstracts y trabajos. www.sames org.ar

El estrés provoca alteraciones cardiovasculares que intentaremos explicar en este capítulo. Provoca sintomatología muy similar a la de los ataques cardíacos, incluso los trastornos de pánico son causa frecuente de consulta a servicios de emergencia por este motivo.

A medida que las personas sean de mayor edad y presenten esta sintomatología, la confusión hace que se realicen estudios de complejidad que con mucha frecuencia demuestren coronarias sanas.

No obstante, hoy existe bastante controversia en este punto y hay quienes postulan que la sensación de angustia, la hiperventilación y la hiperadrenergia que sufre el paciente pueden ser causa suficiente de desencadenamiento de espasmos coronarios agudos.

La metodología de estudio que se presenta en este libro tiene como objetivo brindar instrumentos que ayuden al diagnóstico y permitan encarar un mejor tratamiento, aplicando exámenes neuropsicológicos y estudios de laboratorio que pueden ser de gran utilidad en estos casos.

Está claro que el estrés agudo puede desencadenar verdaderas "tormentas simpáticas" que afectan sobre todo la microcirculación del miocardio dando lugar a síndromes del tipo del Tacko Szubo o Karoshi como veremos más adelante.

La activación simultánea del LC y el SARA donde reside el centro de regulación cardiovascular provocan taquicardia, a veces paroxística. Cuando persiste la secreción aumentada de adrenalina por más tiempo del tolerable pueden producirse arritmias.

Pero interesa más, por su frecuencia, examinar la relación entre enfermedades coronarias y cerebrovasculares con el estrés crónico y la depresión.

El estudio llamado "Enhancing Recovery in Coronary Heart Disease Patients (ERCHD)"[2] confirmó que los pacientes

---

[2] The Enhancing Recovery in Coronary Heart Disease Patients (ENRICHD) randomized trial. JAMA 2003; 289: 3106-3116.

con cuadros depresivos graves tienen un mayor estado inflamatorio y más riesgo de trombosis que los pacientes sin depresión.

Demostró que el tratamiento antidepresivo mejora la calidad de vida de los pacientes, pues reduce riesgos, aumenta la adherencia al tratamiento y el deseo de recuperación. En suma, el paciente deprimido que reciba apoyo psicológico o medicación antidepresiva reduce hasta en un tercio su riesgo de padecer episodios cardíacos.

Uno de los elementos que vinculan los trastornos cardiológicos con la depresión es la *serotonina* que baja su nivel en los estados de estrés prolongado y depresión.

Este y otros estudios dejan en claro en la actualidad que el estrés prolongado y la depresión, asociados al ritmo de vida moderno, son factores de riesgo independientes de los clásicos (ERCHD).[3]

En los últimos años, se ha comprobado que la actuación sobre estos factores influye sobre la evolución de las personas con enfermedad coronaria (EC); hay estudios que son concluyentes en que estrés y depresión son factores de riesgo cardiovascular independiente en pacientes sin antecedentes de enfermedad coronaria.

La relación entre la depresión y la EC en algunos casos puede deberse a la activación simpática; mientras que en otros casos se produce como consecuencia de síndrome metabólico y arteriosclerosis, lo mismo que la afectación de las arterias cerebrales.

Hay estudios que relacionan estos trastornos con la desregulación del transporte de serotonina en plaquetas y sistema nervioso, el descenso de la ingesta de ácidos grasos omega-3 y un proceso de activación inmune con inmunoinflamación del endotelio (endotelitis).

---

[3] Luis Pinto (2006) "Insuficiencia cardiaca y enfermedad depresiva, una frecuente combinación tantas veces olvidada" Rev Esp Cardiol. 2006;59:761- The Enhancing Recovery in Coronary Heart Disease Patients (ENRICHD) randomized trial. JAMA 2003; 289: 3106-3116.

También se han hecho estudios epidemiológicos que muestran que la depresión se presenta con tasas de prevalencia en la población con insuficiencia cardiaca (IC) del orden del 25%, y en pacientes con fases avanzadas o graves, la tasa de enfermedad depresiva o depresivo-ansiosa sobrepasa el 50%.

En esta línea se inscribe el trabajo de Guallar-Castillón y col.,[4] publicado en la *Revista Española de Cardiología*, donde se destaca la importancia que para el pronóstico final tiene la identificación de la enfermedad depresiva en una subpoblación especialmente vulnerable de enfermos con IC, así como el interés que presenta la identificación de rasgos clínicos de riesgo para depresión.

Ambos aspectos se pueden conseguir con una buena historia clínica y con la administración de escalas simples como las que proponemos en este texto, para obtener una cuantificación del estrés y depresión.

Incluso se ha observado que el estado de ánimo negativo puede predecir la mortalidad, independientemente de la gravedad de la enfermedad cardiaca, en una evaluación a largo plazo después de un infarto de miocardio.

Las bases biológicas que sustentan esta relación se fundamentan en los múltiples cambios neuroinmunoendocrinos y en el incremento de las proteínas de fase aguda de la inflamación que acontecen en los enfermos estresados.

En general estos pacientes también presentan hipercortisolemia, junto con incremento de la hormona adrenocorticotropa (ACTH) y de CRH o Factor liberador de ACTH, resistencia a la insulina, así como un aumento de la producción endógena de otros esteroides como la aldosterona y mayor liberación de catecolaminas, incremento de la presión arterial y

---

[4]Guallar-Castillón P, Magariños-Losada MM, Montoto-Otero C, Tabuenca AI, Rodríguez-Pascual C, Olcoz-Chiva M, et al. Prevalencia de depresión, y factores biomédicos y psicosociales asociados, en ancianos hospitalizados con insuficiencia cardiaca en España. *Rev Esp Cardiol.* 2006;59:770-8.[Artículo]

de la vasoconstricción coronaria. También experimentan una mayor activación plaquetaria que les predispone a episodios tromboembólicos.

Por último, hay evidencias de que en Insuficiencia Cardíaca hay áreas del cerebro menos perfundidas como la región temporal medial que son involucradas en la fisiopatología de la enfermedad depresiva.

Los trabajadores con menos de 50 años de edad que sufren de estrés laboral tienen un 68% más de posibilidades de sufrir enfermedades cardíacas que aquellos que tienen trabajos menos exigentes, según el Witehall II, realizado por el University College de Londres tras controlar el estado de salud de 10.000 funcionarios durante un período de doce años.[5]

Aunque ya se sabía que el estrés estaba directamente relacionado con los problemas cardiovasculares, el estudio muestra los cambios específicos del sistema nervioso y los niveles de hormonas que causan el riesgo de enfermedades cardíacas. Además el estudio ha demostrado que el estrés laboral lleva a fumar más, a desordenarse dietéticamente y a sedentarismo.

Un trabajo publicado en *Circulation digital*[6] sobre un estudio llevado a cabo por investigadores de la Universidad de Washington en Seattle (Estados Unidos) concluye que el riesgo de angina se incrementa 2,24 veces con la cirugía coronaria, 3,12 veces con la depresión y 4,72 veces con la ansiedad. Estrés, ansiedad y depresión son una tríada presente en enfermos coronarios y naturalmente aún más si son objeto de una

---

[5]Yarnell, J. (2008). "Stress at work—an independent risk factor for coronary heart disease?". *European Heart Journal* 29 (5): 579–580. doi:10.1093/eurheartj/ehm641. PMID 18263872. Chandola, T.; Britton, A.; Brunner, E.; Hemingway, H; Malik, M; Kumari, M; Badrick, E; Kivimaki, M; Marmot, M (2008). "Work stress and coronary heart disease: what are the mechanisms?". European Heart Journal 29 (5): 640-648.

[6]Berkman F Lisa, Blumenthal James, Burg Matthew, Carney M Robert. Effects of treating Depression and Low Perceived Social Support on clinical events after Myocardial Infarction. The Enhancing Recovery in Coronary Heart Disease Patients (ENRICHD) randomized trial. JAMA 2003; 289: 3106-3116.

intervención quirúrgica o un procedimiento invasivo.

El director de la investigación, Dr. Mark Sullivan, dice al respecto en esa publicación: "La cardiología en Estados Unidos concentró los tratamientos de la angina casi exclusivamente en reducir la isquemia, pero nuestro trabajo sugiere que deberíamos evaluar y tratar también la depresión y la ansiedad en pacientes con angina frecuente. Y a este respecto, la cardiología británica y europea hacen algo más".

Las personas que están deprimidas o siguen fumando después de sufrir un ataque al corazón suelen padecer angina de pecho un año después del episodio.[7] Además, son más propensas a padecer un nuevo infarto y tienen mayor mortalidad.

Uno de los problemas más relacionados con la aparición de angina de pecho entre los participantes de esta investigación fue la depresión. Las personas deprimidas tienen un riesgo mayor de padecer problemas cardíacos que pueden llevarlos a la hospitalización o causarles la muerte. En un trabajo sobre Angina de pecho en 1997 en pacientes infartados, su autor el Dr. Maddox reflexiona: "El cuidado ideal para estos pacientes posinfartados sería realizar controles de rutina sobre síntomas depresivos, para identificar a aquellos con más riesgo de sufrir nuevos episodios de angina de pecho".

Entre los estudios sobre Depresión como factor de riesgo en individuos que no habían presentado eventos cardiovasculares con anterioridad, el más importante fue el estudio Hawkins, publicado en 1998, luego de 42 años de seguimiento.

1) Las personas sanas –sin evidencia de patología cardiaca al inicio– por el hecho de haber padecido una depresión, duplicaban el riesgo de tener un IAM.

2) Dicho riesgo aumentado persiste durante más de diez años. Por lo tanto, por el solo hecho de haber padecido un episodio depresivo, una persona duplica su riesgo de padecer un

[7]Sullivan Marck, Circulation 2009;
doi:10.1161/CIRCULATIONAHA.108.806034. Universidad de Washington.

infarto agudo de miocardio, independientemente de la cantidad de episodios depresivos. Por eso, se considera que es independiente del paso del tiempo.

Utilizando el Inventario de Depresión de Beck, investigadores encabezados por Lane demostraron que el 30,9% de los pacientes muestran elevadas puntuaciones durante su hospitalización por IAM; a los 12 meses la tasa de síntomas depresivos alcanzaba al 37,2%.[8]

La depresión contribuye a que exista una mayor posibilidad de desarrollar enfermedad cardiaca, incluso después de controlar el tabaquismo, el peso, el sedentarismo, la presión arterial y los niveles de colesterol en sangre.[9]

Dijimos al principio que debíamos diferenciar lo que sucede en el estrés agudo. En estos casos la patogenia de las alteraciones electrocardiográficas y de las arritmias, es la liberación brusca y exagerada de NA a nivel cardíaco por sobreactivación simpática.

En general los mecanismos de lesión cardíaca por hiperadrenergia aguda se traducen en:

TAQUICARDIAS PAROXÍSTICAS Y ARRITMIAS
SÍNDROME DE DISCINECIA APICAL O TAKOT
SZUBO (Cardiopatía de estrés agudo)
SÍNDROME KAROSHI (Ruptura del miocardio)

Pero también es posible que desencadene un mecanismo de tipo inmuno inflamatorio agudo que provoque en pocas horas fenómenos trombogénicos y ruptura de placas, aún de aquellas que se consideran no peligrosas.

---

[8] Maddox Thomas. (2008) *Arch Intern Med.* 168(12):1310-1316.

[9] Lane D, Carroll D, Ring C, Beevers DG, Lip GY. The prevalence and persistence of depression and anxiety following myocardial infarction. *Br J Health Psychol.* 2002 Feb;7 (Part 1):11-21.15- Guck TP, Kavan MG, Elsasser GN, Barone EJ. Assessment and treatment of depression following myocardial infarction. Am Fam Physician. 2001 Aug 15;64(4):573.

Por otra parte es común que en estos casos se desencadenen crisis hipertensivas.

Endotelio vascular

El endotelio, la capa que recubre internamente a las arterias, en condiciones normales emite miles de señales moleculares que le conceden propiedades anticoagulantes (antiagregantes plaquetarias y antitrombóticas) y antiaterogénicas, lo cual lo hace un órgano esencial en el mantenimiento de la homeostasis e integridad del sistema vascular.

Cuando se alteran sus funciones se produce la llamada "disfunción endotelial" que es un fenómeno sistémico y reversible. Si el proceso progresa se produce endotelitis y se desencadena el fenómeno aterogénico.

Existe una relación estrecha, de tipo psiconeuroinmunoendócrina, entre la emocionalidad y la producción de disfunción endotelial y endotelitis.

El endotelio tiene un rango enorme de funciones homeostáticas vitales. No es una barrera inerte, sino una barrera antitrombótica que tiene funciones endócrinas, metabólicas, sintéticas y de regulación del tono vascular. Es un órgano muy extenso, si se lo pudiera extender totalmente ocuparía aproximadamente el espacio de seis canchas de tenis y pesa aproximadamente 1.7 kg.

Corazón, órgano endocrino

El reconocimiento, por primera vez, de la función endocrina del corazón es mérito del profesor Adolfo de Bold, quien muy poco tiempo después de su graduación como bioquímico en la Universidad de Córdoba, marchó al Canadá y en la Queen's University desarrolló la demostración de una hipótesis que había elaborado al observar que gránulos secretorios ubicados en las células del músculo de las aurículas del corazón que fueron descriptos por Jameson y Pelade en 1964, [10] formaban una sustancia que denominó "Factor Natriurético Atrial" (FNA) porque determinó en primer término que tenía funciones diuréticas.[11]

Se estudiaron, y se siguen estudiando sus funciones a nivel cardiovascular y renal. Se han descubierto ya 29 péptidos de esta familia.

Se puede dosar en plasma pero se lo utiliza solamente como un marcador de insuficiencia cardíaca en las salas de cuidados coronarios. Debería ser utilizada su determinación en otras circunstancias como veremos.

El FNA relaja el lecho vascular principalmente a nivel del riñón y así reduce la presión arterial sistémica y disminuye la liberación de aldosterona, la proliferación celular, la actividad simpática, suprime la secreción de renina e inhiben la producción de endotelina, potente vasoconstrictor secretado por el endotelio vascular.

El sistema de los péptidos natriuréticos y el sistema renina-angiotensina-aldosterona están comprometidos en la regulación de la función vascular, cardíaca y renal.

Funciones del factor natriurético atrial (FNA - atriopeptina)
Diurético endógeno
Hipotensor
Inhibidor de secreción renina - aldosterona
Inhibidor secreción de vasopresina (ADH)
Inhibidor secreción CRH
Efectos:
Sobre renina-angiotensina: efecto hipotensor

[10] Jeniso J, Pelade G. (1964) *Specific granules in atrial muscle cells.* J. Cell Biol. 23: 151-172.

[11] De Bold AJ. (1979) Hearth atrial granulocity effects in water electrolytic balance. . *Proc. Soc. Biol. Med.* 161.508-5012. de Bold AJ, Borenstein HB, Veress AT et al. A rapid andpotent natriuretic response to intravenous injection of atrialmyocardial extracts in rats. Life Sci 1981; 28:89-94.

> Sobre vasopresina (ADH): efecto hipotensor y vasodila-
> tador
> Sobre aldosterona: hipovolemia, balance electrolítico

Existen receptores para FNA en el cerebro. Su ocupación constituye uno de los mecanismos de inhibición de la secreción de CRH hipotalámico (Factor de Estimulación para la Secreción de ACTH por la Hipófisis).

Estos receptores de FNA son de varios tipos y *actúan como factor de culminación del Síndrome de Pánico.*

Los receptores para FNA en el SNC son de tres tipos: TIPOS A, B y C

- A y C se encuentran en Neuronas y Astrocitos
- B solo en Neuronas
- A en Corteza
- B en las Amígdalas cerebrales
- C en Sistema límbico-hipocampo-amígdalas, núcleos supraóptico y paraventriculares y en receptores periféricos en miocitos, sistema coclear y la córnea.

Por lo tanto el FNA forma parte del mecanismo de control de la ansiedad. La disminución de la secreción de este péptido suele encontrarse en personas con prolapso de válvula mitral (que no produce consecuencias hemodinámicas) y con síndrome de preexcitación auricular. Es más frecuente encontrar trastorno de pánico en esos pacientes cuando se desencadena taquicardia por cualquier motivo que en la población sin estas características.

Relación del FNA con el síndrome de pánico

Los pacientes con Síndrome de Pánico tienen:

- menor secreción basal de FNA (preferentemente auricular)
- mayor velocidad de producción experimental (prueba

con inyección IV de lactato)
- relación con aumento de FC y síntomas CV
- relación con prolapso de válvula mitral
- vértigos e inestabilidad: síndrome coclear (¿por desensibilización de receptores?)

Se postula que las células miocárdicas además producen otras hormonas como: adrenalina, dopamina y oxitocina[12] y que en el embrión[13] las células madres requieren señales de oxitocina que lleguen a sus receptores para diferenciarse a cardiomiocitos en el desarrollo embrionario y para el desarrollo del epitelio de las arterias coronarias. Recordemos que la oxitocina es la hormona del apego.

Existe un "plexo cardíaco" en el que han localizado 40.000 neuronas. Por esta propia red neuronal, el corazón se comunica con el SNC por medio del SNA, Vago y por las secreciones y receptores de neuropéptidos y hormonas, por ello se postula que el corazón puede recordar, percibir y gestionar sus funciones.

PERSONALIDADES A Y D - IRA Y HOSTILIDAD

Muchas veces es más fácil provocar una respuesta isquémica en portadores de enfermedad arterial coronaria mediante pruebas de estrés psicológico simulado, que mediante ergometrías convencionales. En nuestro grupo hemos demostrado respuestas hipertensivas en pacientes jóvenes estresados, sanos previamente, sometidos a pruebas de estrés psicológico por la

---

[12]Cantin M, Genest (1985) The heart and the atrial natriuretic factor. *Endocrine Rev 6:* 107-1. - The Heart as an Endocrine Gland (1987) http://hyper.ahajournals.org/

[13]Paquin J, Danalache BA, Jankowski M, McCann SM, Gutkowska J (July 2002). "Oxytocin induces differentiation of P19 embryonic stem cells to cardiomyocytes". *Proceedings of the National Academy of Sciences of the United States of America* 99 (14): 9550–5. doi:10.1073/pnas.152302499. PMC 123178. PMID 12093924

Dra. Graciela Casé y col. en un trabajo con 196 pacientes de ambos sexos. (Ver NOTA al final del capítulo).

También se ha demostrado que el estrés psicoemocional aumenta la agregabilidad de las plaquetas a través de la estimulación adrenérgica de sus receptores beta2 plaquetarios, lo que puede explicar las consecuencias del estrés agudo en el proceso de trombogenia y ruptura de placa.

En cardiología desde la década del 70 se habla de tipos de personalidad que se asocian a mayor riesgo de enfermedad coronaria. La primera que se describió fue la Personalidad Tipo A que reúne determinadas conductas y características que vemos en el siguiente cuadro: (modificado de López Mato Andrea Márquez):

Personalidad tipo A

- conductas de enfrentamiento a las demandas del entorno que ven como desafiante, con el fin de controlarlo.
- son habituales la hostilidad, impaciencia, competitividad, excesivo control.
- desatención a síntomas tales como dolor y fatiga.
- se caracterizan por llegar a veces hasta un estado de indefensión por omnipotencia, dado que la minimización de los síntomas y sentimientos (una suerte de alexitimia hacia adentro) los lleva a ignorarlos, de manera que sucumben a cuadros de gravedad que los lleva a internaciones en UCC, intervenciones terapéuticas invasivas, etc. por no haber consultado a tiempo.
- se da más en sujetos de mediana edad con una alto nivel de Testosterona y VP; asociación que incrementa la conducta agresiva y de promiscuidad sexual.
- el inicio de la descarga del impulso agresivo es siempre serotoninérgico aunque el mantenimiento de esa respuesta es androgénico (López Mato A.).

- tienen comportamientos obsesivos.
- afán de buscar el objetivo por cualquier medio (que luego de obtenido no les será suficiente).
- aún a resultas de comportamientos sin valores, individualistas, poco éticos.
- búsqueda de la novedad por alteraciones dopaminérgicas (en menos), con persistencia o perseverancia de ciertas conductas por alteraciones en más de aminoácidos excitatorios (glutamato).
- alteraciones neuroendócrinas e inmunoinflamatorias típicas del estrés prolongado de tipo hiperreactivas por sobreactivación del eje HHA adrenal.
- los ejes hiperreactivos llevan directamente al síndrome metabólico y a endotelitis por mecanismos inmunoinflamatorios, a la enfermedad coronaria, la hipertensión y lesiones cerebrovasculares.
- hiperestimulación simpática, por una emoción violenta, una crisis de ira, frustración de expectativas, etc. provocan rápidamente episodios vasculares agudos, tales como ruptura de placa o ACV.
- cuando sobreviven tienen menor morbimortalidad que otros enfermos vasculares, porque se comportan mejor en cuanto a adherencias a los tratamientos y programas de rehabilitación.
- depresión por frustración de expectativas y dificultades de reacomodo puede empeorar el pronóstico, reincidir la estenosis, etc.

Personalidad tipo D

- tienen menos incidencia de enfermedad coronaria, pero su aparición está asociada a tasas más elevadas de muerte por IAM. Son pesimistas, sombríos, introvertidos.
- tendencia a responder con intensa ansiedad a estímu-

los aversivos y a suprimir las emociones negativas de manera crónica.

- prevalencia de constante preocupación e inseguridad.
- son evitativos, típicos "evitadores del daño" en una magnitud excesiva.
- aprendieron a inhibir conductas con el objeto de evitar el compromiso o el castigo (inhibición de la acción).
- sufren trastorno de ansiedad generalizada o crónica y un fuerte enojo hacia ellos mismos (por inhibición de la acción) por lo que sienten gran frustración.
- son con frecuencia hiporreactivos en cuanto a los ejes neuroendócrinos del estrés, sus valores de cortisol en sangre son bajos en general y se invierte su curva circadiana en relación al enojo o ira contenida.
- tienen peor pronóstico, mayor depresión y menor adherencia a tratamientos.

TIPO A	TIPO D
SE SOBREESFUERZAN	SE SOBREESFUERZAN
SOBREEXIGENCIA PARA SEDUCIR Y DOMINAR	SOBREEXIGENCIA PARA AGRADAR, SER ACEPTADOS
COMPETITIVOS	QUIEREN PASAR DESAPERCIBIDOS
AMBICIÓN EXAGERADA POR LOGROS DE METAS, SIN IMPORTAR CÓMO	RESENTIMIENTO POR LA FALTA DE RECONOCIMIENTO A SUS ESFUERZOS
CONSUMISMO EXAGERADO	ENVIDIA POR NO PODER ACCEDER
HOSTILIDAD, IRA	FALSA AMABILIDAD
ASERTIVOS, AUDACES, ALEXITÍMICOS	EVITATIVOS, ALEXITÍMICOS
FALTOS DE SOLIDARIDAD	FALSA SOLIDARIDAD, HIPOCRESÍA
EXTROVERTIDOS	INTROVERTIDOS
ANSIOSOS Y EXITOSOS	SOMBRÍOS Y DEPRESIVOS
EJE NE HIPERREACTIVO (EXC. FASE AGOTAM.)	EJE NE HIPORREACTIVO (HABITUAL)

La morbilidad es mayor, pero la mortalidad es menor en los sujetos con personalidad Tipo A (según el diagnóstico original) que los de tipo D, especialmente en el grupo que presentó un IAM sintomático, en los que la diferencia alcanzó niveles de significación. Las personas con características de tipo D tienen menor morbilidad, pero los ataques coronarios o cerebrovasculares son más graves y con mayor mortalidad, aún en el primer episodio.

IRA, IRA REPRIMIDA Y RIESGO DE EPISODIOS ADVERSOS EN PACIENTES CON ENFERMEDAD CORONARIA

Los pacientes con ira reprimida constituyen un grupo vulnerable que debe ser más estrictamente controlado y requiere tratamiento clínico adicional.

En los pacientes con personalidad tipo D, la presencia de ira reprimida fue del 17,8% comparada con sólo el 4,2% de los pacientes sin personalidad tipo A. En los primeros, la tasa de gran episodio cardíaco adverso y de muerte/infarto de miocardio fue significativamente mayor que en los segundos.

La ira induce disfunción endotelial, isquemia miocárdica, e inestabilidad eléctrica cardíaca y eventualmente puede desencadenar arritmias ventriculares. La ira reprimida sólo suprime la exteriorización del sentimiento de ira, pero no suprime el impacto fisiológico y estos pacientes tienen factores de riesgo adicionales como alteraciones del sueño y mayor respuesta inmunitaria.

Es una de las explicaciones más específicas de la relación entre Ira y Enfermedad coronaria aguda. Lo vemos en el siguiente cuadro.

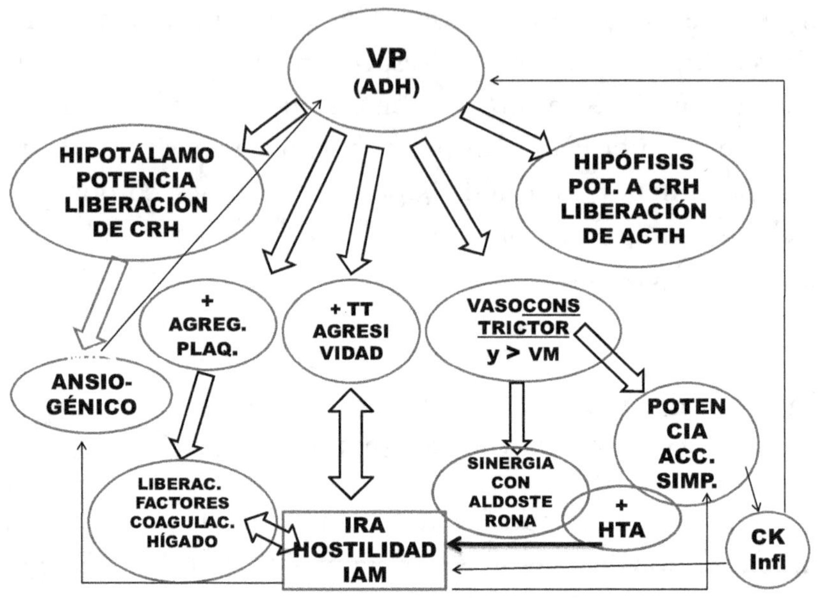

La secreción de CRH por el hipotálamo al aumentar su ocupación de Rc cerebrales produce gran ansiedad; desde la hipófisis se secreta ACTH que actúa sobre suprarrenales y Vasopresina (VP) o HAD (Hormona Antidiurética). La VP es potente vasoconstrictora y además incrementa el volumen plasmático al retener Na y agua, por ambos mecanismos contribuye al aumento de la TA. También participa del incremento de la agresividad, hostilidad e ira en presencia de testosterona en situaciones de estrés donde existe una hiperexcitabilidad simpática. Por último y quizá lo más importante, produce liberación de mediadores de inflamación y factores de coagulación por el hígado. De esta manera se producirán accidentes cardio y cerebrovasculares en las crisis de ira, o en la continuidad estos fenómenos en personalidades hostiles y agresivas.

Los pacientes con ira reprimida habitualmente no discuten con el médico sus manifestaciones clínicas y emocionales y el profesional corre el riesgo de hacer un subdiagnóstico. Por lo tanto, los pacientes con ira reprimida constituyen un grupo vulnerable que debe ser más estrictamente controlado y requiere tratamiento clínico adicional.

En nuestra práctica clínica utilizamos el STAXI que es un buen predictor de enojo e ira.

El proyecto de prevención de recurrencia coronaria o RCPP[14] es *el mayor programa de modificación de comportamiento* en prevención secundaria de enfermedad coronaria. En 1012 sujetos con un primer infarto de miocardio, se pudo apreciar un 44% de reducción en la tasa de aparición de un segundo infarto en el grupo aconsejado para el manejo de la personalidad tipo A.

Bracket y Powell estudiaron la evolución de los sujetos del RCPP que se complicaron, y observaron que factores psicosociales (Estrés prolongado y Depresión) se comportaron como predictores de MSC pero no de muerte cardíaca no súbita, lo que sugiere que el efecto beneficioso de la intervención conductual se relaciona con la reducción de esa complicación.

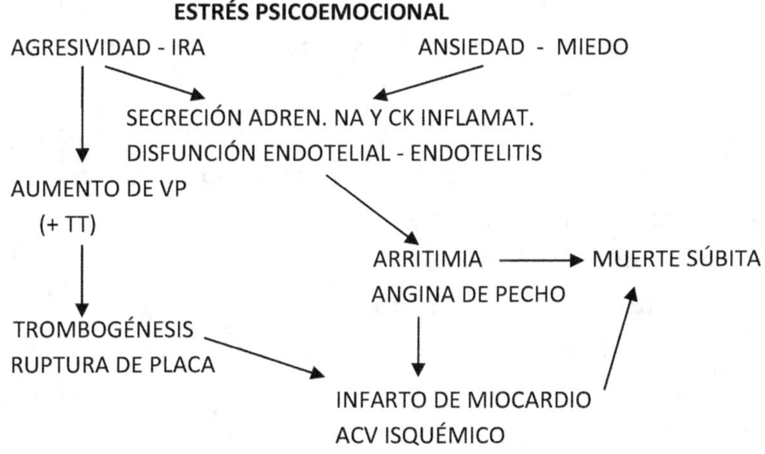

---

[14]Meyer Friedman y col. (1986) *Recurrent Coronary Prevention Project.*

Los cambios de conducta y calidad de vida pueden prevenir esta cascada de fenómenos. De lo contrario la primera intervención conductual se hace en la sala de cuidados coronarios si el paciente sobrevive.

Liuzzo y col. midieron el nivel de dos reactantes de fase aguda, la PCR y el Amiloide A, en 31 pacientes con angina inestable y niveles normales de Troponina T (TnT) y CPK MB en el momento del ingreso.

Como comparación analizaron también un grupo con angina crónica estable y otro con infarto agudo de miocardio.

La PCR estaba elevada en 65% de los pacientes con angina inestable, en el 13% de las anginas estables y en el 76% de los pacientes con infarto.

Ante la sospecha que la sintomatología de la escala propuesta sea indicativa es conveniente siempre solicitar PCR ultrasensible, Homocisteína y Superóxido dismutasa, incluso en individuos asintomáticos pero muy estresados o deprimidos.

La Hocisteína en sí misma puede no ser un factor de riesgo independiente, se correlacionan con la función renal, el hábito de fumar, los niveles de fibrinógeno y de la proteína C-reactiva, que son factores de riesgo creciente para enfermedad coronaria.

Elevaciones plasmáticas se asocian a la ateroesclerosis prematura, trombosis recurrentes de arterias coronarias, cerebrales o periféricas y de la trombosis venosa.

Las concentraciones de homocisteína se alteran fundamentalmente por dos mecanismos:

a) por las alteraciones genéticas que afectan a la enzima cistationina beta-sintetasa, dependiente de vitamina B6, o a las enzimas que participan en la remetilación de la homocisteína y que dependen de la vitamina B12 y del ácido fólico.

b) por las alteraciones funcionales de estas enzimas debidas a déficit de las vitaminas B6, B12 y ácido fólico;

de ahí el interés en el empleo de estas vitaminas como medidas terapéuticas.

Si fuera posible deben investigarse factores determinantes de la disfunción vascular endotelial como colesterol total, HDL, triglicéridos, glucosa y marcadores de la activación endotelial como la selectina E plasmática soluble y la molécula de adherencia ICAM.

La Serotonina plaquetaria (SERp), se encuentra disminuida en pacientes deprimidos. En algunas mediciones se encontró que el 77% de los pacientes tenían serotonina plaquetaria baja.

Otro parámetro químico estudiado fue la Feniletilamina (FEA) urinaria, que es una anfetamina natural del organismo, es decir, endógena. Existen muchos trabajos publicados en la Argentina por el grupo de la doctora Andrea M. López Mato que informan sobre la disminución de la FEA urinaria en pacientes deprimidos.

En un estudio sobre pacientes oncológicos (estrés-ansiedad-depresión) el 70% presentaban una disminución de la FEA urinaria. Monitoreando también, los niveles urinarios de MOPEG, (metabolito de la noradrenalina) la mayoría de los pacientes presentaron valores normales o bajos.

Veremos algo sobre los fenómenos inflamatorios mediados por citoquinas (CK) o Interleuquinas (IL).

Hay 33 diferentes identificadas y porque actúan como señal de comunicación entre los leucocitos se llaman también interleuquinas, proteínas que tienen un peso molecular variado de acuerdo a su función que son producidas por células específicas del sistema inmunológico. Vamos a concentrarnos en dos categorías:

A) las citoquinas proinflamatorias: la IL-1, la IL-6, y el TNF alfa.

B) las antiinflamatorias, que reducen los efectos de la inflamación como la IL-4 y la IL-10.

Las citoquinas son producidas por diferentes tipos de células pertenecientes al sistema inmunológico que están presentes en la periferia del organismo:

- los monocitos (IL-1,TNF),
- los macrófagos (IL-6 y TNF),
- los linfocitos NK, (IFN e IL-1).

Los síndromes coronarios agudos (SCA) constituyen un conjunto de entidades clínicas con un común denominador, la obstrucción parcial o total de una arteria por un trombo provocado por rotura o erosión de una placa vulnerable, que se traduce en complicaciones clínicas secundarias a isquemia o necrosis miocárdica.

Los mecanismos para el proceso aterotrombótico que se conocen son:

1) la inflamación por formación de citoquinas proinflamatorias

2) estrés oxidativo

3) la activación plaquetaria

4) la disfunción endotelial (vasoconstricción, crecimiento, adhesión, proliferación).

Se ha objetivado en diversos estudios que la secreción y actividad de las CK están bajo control neuroendocrino central, y en relación con la glándula pineal a través de la secreción de melatonina. Hay evidencias de mayor morbilidad por IAM durante la noche y la madrugada,[15] situación que hemos escuchado recalcar en diversas conferencias y clases al Prof. Dr. D. Cardinali.

Cuando se sospecha algún síndrome cardiovascular en pacientes estresados, además de los métodos diagnósticos clásicos se pueden utilizar diversos marcadores:

- de necrosis miocítica (troponina, isoenzima MB de la

---

[15] Sothern R, Roitman. Johnson, Kanabrocki l, Yager, Roodel, (1995) Weatherbee. Circadian characteristics of circulating IL6 in men. J. *Allergy Clin Immunol.* 95:1029-35. [medline]

creatinquinasa, mioglobina)

- de inflamación (PCR ultrasensible, CD4, IL 1, IL6, FNT alfa, fibrinógeno)
- de estrés oxidativo (homocisteína, dismutasa superóxido)
- de daño vascular (microalbuminuria, clearence de creatinina)
- aterosclerosis (lípidos, glucosa plasmática, Hb glicosilada, lipoproteínas)
- y marcadores de estrés hemodinámico (Péptido Natriurético Cerebral [BNP] y Precursor NT).

Todos ellos llevan información de los procesos en juego predominantes en la fisiopatología los SCA y permitirían orientar el tratamiento hacia el eje de mayor preponderancia determinante en cada caso.

Su asociación daría una información más completa respecto del riesgo isquémico y los eventos coronarios mayores. Un ejemplo de ello es el subestudio GUSTO-IV, donde el BNP o su precursor NT-proBNP asociado a marcadores de daño vascular (aclaramiento de creatinina), de necrosis miocárdica (troponina T o I) o de inflamación (PCR, CD-40L) incrementan el riesgo de mortalidad hasta 25 veces.

La PCR, lo mismo que el fibrinógeno y la sustancia amiloide A, son reactantes de fase aguda y marcadores sensibles de inflamación. Se ha comunicado que el aumento de los valores séricos de PCR es un buen predictor de eventos coronarios agudos, y puede ser también un marcador de pronóstico útil en la predicción de eventos trombóticos. Algunos estudios apoyan la hipótesis de que es un activador de monocitos y de las células endoteliales de la pared arterial y demuestran que la PCR ultrasensible predice eventos cardiovasculares mayores e incrementa 2-3 veces su prevalencia.

Los adipocitos pueden liberar proteína-C reactiva (PCR) en respuesta a CK inflamatorias, un hallazgo que puede ayudar a explicar por qué la obesidad visceral está frecuentemente asociada con enfermedad cardiovascular.[16]

Reactividad en la tensión arterial media ante condiciones estresantes en pacientes de call center: Diferentes patrones de respuesta en función del sexo. Casé Graciela M (AME-PINE), Vigliecca NS (CONICET, CIFFYH), Martini MA (AME. PINE), Cólica P, Báez S (CONICET. INECO)

Objetivo: Describir el efecto de las variables demográficas sobre el motivo de consulta y sobre la presencia de "reacción tensa" (RT) en la tensión arterial media (TAM). La TAM, resultante de las medidas de TA sistólica y diastólica, fue registrada tanto ante condición basal como ante estrés agudo mental y físico.

Metodología: Se trabajó con una muestra de 196 pacientes sin antecedentes personales de enfermedad cardiovascular que llegaron a la consulta por síntomas de burnout (147 mujeres y 49 varones; 69 con un nivel de educación de secundario completo, 99 con universitario incompleto y 28 con universitario completo); el promedio de edad fue de 27,53 años con un rango que varió entre 18 y 49. En el motivo de consulta se analizó el nivel de compromiso en el "Maslach Burnt Out Inventory" en todas sus subescalas (agotamiento emocional, despersonalización y falta de realización personal), también se analizó la presencia de síntomas físicos, psicoemocionales o ambos. Se definió como RT a la presencia de una TAM igual o mayor a 107 mmhg. Se realizó un registro basal de la TAM y luego se la estudió frente a la prueba de estrés mental por sustracción aritmética y frente a la prueba de estrés físico cold test, con un lapso intermedio de recuperación de tres minutos entre ambas pruebas.

---

[16]Northtown, 03 oct 2005 [MedEx]: Más información: J Am Coll *Cardiol* [ta] 2005 [dp] 46 [vi] 1112-1115 [pg] [DOI]- N/A.

Resultados: En esta muestra más del 90% de los pacientes mostraron puntajes indicadores de compromiso medio o alto en el "Maslach Burnt Out Inventory" en todas sus subescalas observándose un porcentaje similar (>90%) para la presencia simultánea de síntomas psicoemocionales y psicoemocionales más físicos. Considerando la presencia de RT, se observó idéntico patrón para las distintas categorías de las variables edad y educación en las tres condiciones estudiadas. Se confirmó el efecto esperado de las variables estresantes para dichas variables demográficas. Sin embargo, considerando la presencia de RT con relación al sexo, se observaron diferencias estadísticas con un alto nivel de significación para las tres condiciones estudiadas. Las mujeres presentaron una menor frecuencia de casos con RT en la condición basal, de acuerdo con lo esperado. Para el evento estresante físico las mujeres presentaron una idéntica frecuencia de casos tanto para la presencia como para la ausencia de RT y, para el evento estresante mental, mayor frecuencia de casos con RT. Por el contrario, los varones presentaron un patrón homogéneo para las tres condiciones, indicando siempre mayor frecuencia de casos con RT. Si se considera que la condición basal refleja la situación con la que se llega a la consulta, se observó que un 65% de los varones llegaron al médico con presencia de RT, contra un 22% de las mujeres. Edad y educación no mostraron particularidades con respecto a la presencia de RT en la condición basal.

Conclusión: Teniendo en cuenta la presencia relativa de RT en la TAM ante una situación dada, las mujeres mostraron una reacción más adecuada que los varones ante la condición basal, supuestamente inocua. Asimismo mostraron una reactividad indiferente ante el estrés físico y una mayor reactividad ante el estrés mental. Los varones presentaron siempre valores más elevados de TAM que las mujeres, independientemente de la situación.

Bibliografía

Denollet J, Gidron Y, Vrints CJ, Conraads VM. *Am J Cardiol* 2010;105:1555–1560.

European Heart Journal, Investigadores del University College of London (01.08) parte del Whitehall II Study, una prolongación del Whitehall I Study, iniciado en el año 1967 participaron 18.000 empleados por la Administración Civil Británica.

Ricardo J Esper, corresponding author 1,3,4,5 Roberto A Nordaby,2,3 Jorge O Vilariño,1,3 Antonio Paragano,1 José L Cacharrón,3,4 and Rogelio A Machado1, Endothelial dysfunction: a comprehensive appraisal *Cardiovasc Diabetol*. 2006; 5: 4.Published online 2006 Feb 23. doi: 10.1186/1475-2840-5-4.

Esper, Ricardo J. Reseña "Epidemia cardiovascular. De la disfunción endotelial a la atención primaria de la salud" de Néstor A. Pérez Baliño y Osvaldo H. Masoli. *Revista Argentina de Cardiología*, vol. 73, núm. 6, noviembre-diciembre, 2005, pp. 486-486.

Bernadou Florencia, (2007) Ciencia Salud. www.lanacion.com. 26 sept. 2007.

Stefan K. James, MD, PhD; Bertil Lindahl, MD, PhD; Agneta Siegbahn, MD, PhD; Mats Stridsberg, MD, PhD; Per Venge, MD, PhD; Paul Armstrong, MD; Elliot S. Barnathan, MD; Robert Califf, MD; Eric J. Topol, MD; Maarten L. Simoons, MD, PhD; Lars Wallentin, MD, PhD.

N-Terminal Pro–Brain Natriuretic Peptide and Other Risk Markers for the Separate Prediction of Mortality and Subsequent Myocardial Infarction in Patients With Unstable Coronary Artery Disease A Global Utilization of Strategies To Open occluded arteries (GUSTO)-IV *Substudy Circulation* 2003; 108:275-81;250-2.

CAPÍTULO XI

TRASTORNO DE ESTRÉS POSTRAUMÁTICO (TEPT)

En general estamos preparados para afrontar las situaciones de estrés agudo. En las últimas clasificaciones del DSM se permite calificar como agudo a una situación de estrés que dura seis meses. Luego sería un estrés prolongado y/o crónico.

En ciertos casos sin embargo, ese estrés agudo puede ser de tal intensidad que deje marcas emocionales que se sufren durante toda la vida conformando un cuadro de estrés postraumático.

Además de los traumas psíquicos conocidos como causas de estrés postraumático tales como accidentes, catástrofes, violencia, inminencia de muerte, etc., cuando un agente estresor se repite reiteradamente o en forma constante puede ocasionar sintomatología similar al estrés postraumático dejando de manifestarse como un estrés crónico o entremezclando sus síntomas.

Este fenómeno se puede ver en el Síndrome de los Call Center; con el uso excesivo de nuevas tecnologías (Tecno-estrés); en el Estrés por ruido incesante, típicamente en situaciones de Mobbing, Bullying y diversos tipos de abuso.

Ese tipo de estrés agudo, reiterativo y acumulativo obra como catastrófico en algunas personas y es condicionador y disparador de un TEPT.

Diversos estudios informan que para que se produzca este fenómeno es necesario que la persona sometida a estas situaciones, tenga un eje neuroendócrino hiporreactivo, o sea que no pueda por razones biológicas afrontar el hecho aversivo incrementando sus niveles de cortisol tanto como sea necesario.

El núcleo basolateral amigdalino participaría en la constitución de las memorias traumáticas, que caracterizan al TEPT combinado con activación exagerada de Rc beta-adrenérgicos del complejo amigdalino. Todo ello promueve la fijación y el recuerdo de las memorias emocionales.

Por eso, el propranolol (bloqueante antagonista no selectivo de receptores b-adrenérgicos) puede actuar sobre la memoria emocional, quedando intacta la memoria sin carga emocional.

Es decir, administrado durante un determinado tiempo puede borrar la emoción que el hecho provocó. No el hecho en sí mismo.

La intensidad y el carácter indeleble de estas memorias, estarían entonces en relación al grado de activación del sistema Noradrenérgico y también al comportamiento del Cortisol durante y con posterioridad a la experiencia traumática.

Es la Noradrenalina (NA) quien "graba" los eventos emocionales traumáticos y los Glucocorticoides (GC) son mediadores claves para la protección de las amígdalas y del almacenamiento de memorias traumáticas.

La deficiencia en liberación de Cortisol por la suprarrenal desprotege al SNC de la acción de la Noradrenalina sobre las Amígdalas cerebrales y el Hipocampo en los sucesos vitales traumáticos.[1]

Es por eso que la mayoría de los TEPT se encuentran en pacientes con Cortisol plasmático bajo o muy bajo. Esto se ha visto en diversos estudios efectuados a combatientes de

---

[1]Yehuda R. (2002) "Post traumatic stress disorders" *New England J. Medical* 346.108-114.

Malvinas, en mujeres abusadas, etc.[2]

LAS AMÍGDALAS TIENEN RECEPTORES DE CATECOLAMINAS

1. AUTORRECEPTORES PRESINÁPTICOS (INHIBIDORES)

2. RECEPTORES POSINÁPTICOS (EXCITADORES)

LOS RECEPTORES DEL TIPO BETA ADRENÉRGICOS DIFIEREN DE LA MAYORÍA DE LOS OTROS EN QUE LA NA QUE ACTÚA SOBRE ELLOS FACILITA LA LIBERACIÓN DE TRANSMISORES EXCITADORES Y DE ESTA FORMA AMPLIFICA LOS EFECTOS DEL BOMBARDEO NEURONAL (TEPT)

Hemos hablado en el párrafo anterior de los astrocitos, esta parte de la glía que al igual que otros tipos de células cuentan en su estructura con una serie de canales conocidos como hemicanales de *conexinas*, los cuales permiten el tránsito de pequeñas moléculas desde el exterior hacia el interior de la célula y viceversa.

A través de estos canales, los astrocitos liberan los *gliotransmisores* que participan en la sinapsis neuronal.

Este tipo de conexiones se han encontrado también en las *amígdalas cerebrales*, en su zona basolateral, involucrada en el *aprendizaje del miedo y las respuestas emocionales*; siendo la primera evidencia en vivo de que la sinapsis es tripartita, es decir, se produce entre dos neuronas y un astrocito.

Los astrocitos son un nuevo blanco farmacológico para el tratamiento de desórdenes como el estrés postraumático.

El incremento de acción beta adrenérgica se correlaciona

---

[2] Moiseszowicz J. "Tendencia del tratamiento del estrés en la vulnerabilidad (en línea) (www.fundopsi.com.ar)

con aumento de actividad glutamatérgica excitatoria en amígdalas y desprotección por disminución de Rc de Cortisol.

Las manifestaciones clínicas del TEPT se correlacionan en general con eje neuroendócrino hiporreactivo y por lo tanto con un pobre desempeño energético y antiinflamatorio para el afrontamiento de nuevas situaciones estresantes.

CAPÍTULO XII

EJE NEUROENDÓCRINO Y ENFERMEDADES

Del total de la población general aproximadamente un 75% reaccionan aumentando la secreción de hormonas del eje neuroendócrino ante situaciones de estrés y les denominamos con eje hiperreactivo.

Es distinto el comportamiento del 25% restante quienes no las aumentan y reaccionan sin incrementar los niveles de cortisol o haciéndolo muy poco. Estas formas de reacción neuroendócrina condicionan totalmente distintas respuestas ante el estrés.

Primero veremos lo que sucede en la mayoría de los casos, con eje hiperreactivo.

Las consecuencias del aumento de CORTISOL y de CRH de manera crónica pueden resumirse en el cuadro que sigue:

Eje CLHHA hiperreactivo (70%) por estrés prolongado y/o crónico

- trastorno de Ansiedad Generalizada
- Trastorno Ansioso Depresivo Mixto, Fobias, Depresión reactiva
- Alteraciones Cognitivas por Neurotoxicidad
- Trastorno Obsesivo Compulsivo (correlación con dis-

minución de serotonina)
- Hipotiroidismo
- Insulinorresistencia, Diabetes tipo II
- HTA
- Dislipemias
- Síndrome metabólico, Disfunción Endotelial, Endotelitis
- Enfermedades Cardio y Cerebrovasculares
- Incremento del Alcoholismo
- Relación entre aumento de CRH y Anorexia nerviosa
- Enfermedades alérgicas por exacerbación de respuesta Th2 y por alteración de la memoria Inmunológica. (LES)
- Inmunodepresión. Propensión a infecciones. Cáncer (aparición, agudizaciones)
- Hipercorticismo tipo Cushing

Las consecuencias del Estrés Crónico en personas con Eje Hiporreactivo se grafican en el siguiente cuadro:

En personas con eje hiporreactivo con estrés prolongado y/o crónico

Se desregulan e hiperactiva la actividad simpática y aumentan las Citoquinas Inflamatorias, se observa clínicamente:
- en la fase final del estrés (agotamiento)
- en los abusos, hostigamientos (mobbing)
- en la enfermedad de Addison y "addisonismos"
- en la Depresión endógena con componente genético
- en la Depresión posparto y Estacional
- en el Trastorno de Estrés Postraumático (TEPT)
- en el Síndrome de la Fatiga Crónica
- en el Síndrome de Fatiga Adrenal (1)

- en la Fibromialgia (Síndrome Sensitivo Central)
- en la Hipofisitis Autoinmune y Síndrome de Silla Turca Vacía
- en la insuficiencia Multiendócrina
- se observa correlación positiva entre este eje y tipo de personalidad y Mobbing y en pacientes jóvenes Bullying
- en enfermedad coronaria y cerebrovascular en ciertos tipos de personalidad (D)

Como se ve la mayoría de las patologías actuales tiene una estrecha relación con el Estrés prolongado y crónico.

Gran parte de la sintomatología con que se presentan los pacientes a la consulta y que es recogida en las planillas de datos correspondientes se explican por cambios relacionados con los niveles de Cortisol, CRH y otras hormonas, así como por la persistencia de excitación adrenérgica, incremento de aminoácidos excitatorios, aumento de Citoquinas (IL) inflamatorias y el descenso de los niveles de serotonina.

SÍNDROME DE FATIGA ADRENAL

- Ocurre en estrés prolongado y crónico
- Desensibilización de receptores suprarrenales a acth down regulation?)
- Insuficiencia hipofisaria, hipofisitis (?), Anticuerpos anti acth?
- Resistencia de rc suprarrenales a acth y melatonina?
- Similar a la dimensión III (maslach) del síndrome de burnout y a la fase de agotamiento del estrés[1]

---

[1] Se diferencia en la posible reversibilidad de estos procesos.

APÉNDICE

Cómo reducir los niveles de cortisol (no farmacológico)

Algunas publicaciones en medios científicos, en general ligados al deporte de alto rendimiento dan cuenta de algunos trabajos de investigación que refieren:

- La suplementación de magnesio reduce los niveles de cortisol sérico después del ejercicio aeróbico, pero no en entrenamiento de resistencia.[2]
- Los aceites y alimentos con ácido graso omega 3, puede reducir la liberación de cortisol suprimiendo la síntesis de interleuquina-1 y 6 e intensificando la síntesis de interleuquina-2, donde las primeras estimulan la liberación de CRH. Los ácidos grasos omega 6, por otro lado, actúan inversamente con la síntesis de interleuquina.
- La terapia musical puede reducir los niveles de cortisol en algunas situaciones. Disminuiría la producción de CK inflamatorias y aumentaría las antiinflamatorias.
- El masaje terapéutico, la risa y la experiencia humorística. En todos estos casos se trata de acción similar a lo referido en el punto anterior con respecto a CK. Además el movimiento de los numerosos músculos de la cara y el cuello liberan endorfinas y activan aferencias vagales con estimulación de núcleos parasimpáticos del tronco cerebral e inhibición de núcleos simpáticos.
- La fosfatidilserina derivada de la soja interactúa con el cortisol, pero la dosis correcta todavía no está clara.[3]

---

[2] Se diferencia en la posible reversibilidad de estos procesos.

[3] Wilborn, C.D.; Kerksick, C.M.; Campbell, B.I.; Taylor, L.W.; Marcello, B.M.; Rasmussen, C.J.; Greenwood, M.C.; Almada, A.; Kreider, R.B. (diciembre de 2004). «Effects of Zinc Magnesium Aspartate (ZMA) Supplementation on Training Adaptations and Markers of Anabolism and Catabolism». *Journal of the*

- La Vitamina C puede evitar ligeramente la liberación de cortisol en respuesta a un estresante mental.[4]
- El té negro puede acelerar la recuperación de una condición de cortisol alta.[5]

Factores que aumentarían los niveles de cortisol
- La cafeína.[6]
- El regaliz contiene glicirricina, inhibe la enzima que descompone el cortisol. Desactivar dicha enzima ayudará gradualmente a elevar los niveles de cortisol. El regaliz es una sustancia muy útil para aumentar el cortisol.[7]
- El ejercicio físico intenso o prolongado estimula la liberación de cortisol para aumentar la gluconeogénesis y mantener niveles de glucosa en sangre.
- El hipoestrogenismo y suplementación de melatonina aumenta los niveles de cortisol postmenopausal en mujeres.

International Society of Sports Nutrition (en inglés) 1 (2): 12-20. doi:10.1186/1550-2783-1-2-12. PMC 2129161. PMID 18500945

[4]Referencias: a) *International Journal of Sports Medicine*: Los suplementos de Vitamina C atenúan el incremento en la circulación de cortisol, adrenalina y antiinflamatorios polipéptidos luego de una ultramaratón; Peters EM, Anderson R, Nieman DC, Fickl H, Jogessar V. Octubre 2001; b) *International Journal of Sports Physiology Performance*, suplemento de vitamina C y función salival inmune luego del estrés del calor del ejercicio. Carrillo AE, Murphy RJ, Cheung SS Diciembre 2008.

[5]Black tea 'soothes away stress'». *BBC News*. 4 de octubre de 2006. Consultado el 30 de abril de 2010.

[6]William R. Lovallo, PhD, Thomas L. Whitsett, MD, Mustafa al'Absi, PhD, Bong Hee Sung, PhD, Andrea S. Vincent, PhD, and Michael F. Wilson, MD. Caffeine Stimulation of Cortisol Secretion Across the Waking Hours in Relation to Caffeine Intake Levels. *Psychosom Med.* 2005; 67(5): 734-739.

[7]http://www.ncbi.nlm.nih.gov/pubmed/21896619. Methlie P1, Husebye EE, Hustad S, Lien EA, Løvås K. Grapefruit juice and licorice increase cortisol availability in patients with Addison's disease. *Eur J Endocrinol.* 2011 Nov;165(5):761-9. doi: 10.1530/EJE-11-0518. Epub 2011 Sep 6.

ENLACES RELACIONADOS

El estrés laboral está asociado con altos niveles de cortisol. (8)

El tejido adiposo subcutáneo regenera cortisol de cortisona. (9)

La falta de sueño. (10) En el mecanismo intervienen el incremento de CRH, el estado de alerta por hiperadrenergia y la deprivación de melatonina que deja de ocupar Rc de ACTH en suprarrenales que quedan activos. Se da en situaciones de estrés.

(8) Wingenfeld, K.; Schulz, M.; Damkroeger, A.; Rose, M.; Driessen, M. (marzo de 2009). «Elevated diurnal salivary cortisol in nurses is associated with burnout but not with vital exhaustion». *Psychoneuroendocrinology* (en inglés) 34 (8): 1144–1151.

(9) «Cortisol Release From Adipose Tissue by 11β-Hydroxysteroid Dehydrogenase Type 1 in Humans». Diabetes.diabetes journals.org. 13 de octubre de 2008.

(10) Leproult R. (1) ; Copinschi G. (2) ; Buxton O. (1) ; Van Cauter E. «Sleep loss results in an elevation of cortisol levels the next evening». *Cat.Inist.Fr.* 1997, vol. 20, n.º 10, pp. 865-870.

Bibliografía

Besedovsky, H.O.; Del Rey, A.; Sorkin, E. (1984) "Integration of Activated Immune Cell Products in Immune Endocrine Feedback Circuits." p. 200 in *Leukocytes and Host Defense* Vol. 5 [Oppenheim, J.J.; Jacobs, D.M., eds]. Alan R. Liss, New York.

Besedovsky HO, del Rey A. Immunoneuroendocrine interaction: facts and hypotheses. *Endocr Rev.* 1996;17:64-102.

CAPÍTULO XIII

LA EVALUACIÓN NEUROPSICOLÓGICA DEL ESTRÉS

Cecilia Schwartz Baruj
Lic. y Prof. Psicología - Mgter. en Neuropsicología (UNC)
Master en RRHH (ESIC- Madrid- España)
Master en AAPP (INAP- España)

Cuando un paciente llega al consultorio, muchas veces trae la preocupación de estar perdiendo capacidades cognitivas, refiere tener el "cerebro quemado". Entre las quejas más frecuentes, figuran dificultades de concentración, pérdida de memoria inmediata, dificultades para encontrar las palabras apropiadas en una conversación. El estrés o la depresión son las causas que subyacen en muchos casos a los problemas de memoria.

Pero los fallos de memoria también pueden ser el primer síntoma de una enfermedad neurodegenerativa. ¿Es un efecto transitorio de situaciones de estrés, angustia o depresión? En ese caso, la pérdida cognitiva puede desaparecer una vez superada la situación de estrés agudo, situaciones ansiogénicas desencadenantes o depresión; o por lo contrario, ¿puede estabilizarse, y agravarse y derivar en una demencia?

Realizar una evaluación neuropsicológica exhaustiva para determinar si dicho deterioro es de origen orgánico o por aspectos psicoemocionales que están afectando a su rendimiento cotidiano se torna imprescindible para el diagnóstico diferencial y planificación de tratamientos.

Tradicionalmente, las preguntas del diagnóstico diferencial se centraban en poder determinar si la sintomatología que presentaba un paciente dado correspondía a una causa "orgánica" (es decir, debido a una patología cerebral) o "funcional" (un término que se utilizaba como sinónimo del carácter "psicógeno" de un síntoma). Con la evidencia creciente de los correlatos neuropatológicos y químicos de los llamados trastornos funcionales, esta distinción "orgánico/funcional" se volvió cada vez más vaga.

EVALUACIÓN NEUROPSICOLÓGICA

La neuropsicología es una especialidad clínica que se ocupa del diagnóstico y tratamiento de los problemas cognitivos, conductuales y emocionales que pueden ser el resultado de una disfunción cerebral conocida o sospechada, es decir que estudia la relación entre las estructuras y el funcionamiento del sistema nervioso central y los procesos cognitivos-comportamentales.

La neuropsicología actual incluye el estudio de los problemas clásicos de la psicología general (atención, aprendizaje, percepción, cognición, personalidad y psicopatología), utiliza técnicas propias de los métodos de la psicología experimental, así como de las metodologías de construcción de test y de la psicometría, y se nutre también, de los conocimientos provenientes de las neurociencias. (Burin, Draque, 2007).

Objetivos de la evaluación neuropsicológica

La evaluación neuropsicológica es esencial no sólo para el diagnóstico de la patología sino también para el manejo médico, ya que:

- ayuda a la detección de daño cerebral ocasionado por diferentes patologías del SNC
- apoya el diagnóstico al clínico con el fin de establecer el grado de severidad del deterioro cognitivo
- suministra una estimación lo más sistemática y objetiva posible de las capacidades y déficits cognitivos y comportamentales del paciente
- permite planificar un tratamiento de rehabilitación cognitiva
- ayuda a valorar los efectos de un tratamiento
- objetiva cambios en el tiempo
- brinda información para el cuidado y seguimiento del paciente

Para esta evaluación se hacen pruebas a diferentes niveles.

Valoración del Estado Psicoemocional o Afectivo

El objetivo de la valoración psicoemocional-afectiva es identificar y cuantificar posibles trastornos en estas áreas que afecten o puedan afectar a la capacidad neurocognitiva del paciente.

Las escalas utilizadas en la valoración de la función psicoemocional-afectiva son:

2. a) El inventario de ansiedad Estado y Rasgo STAIX (1 y 2) fue escogido para la medición de los trastornos de ansiedad, e informa sobre la estructura de personalidad del paciente (ansiedad de rasgo) y sobre el modo de afrontamiento de las situaciones estresoras (ansiedad de estado).

Se cuenta con baremos locales (BINAM-DCL Cecilia Schwartz Baruj, 2004).

Ansiedad de estado: Media 40.5

Desviación estándar: 11.85

Ansiedad de Rasgo: Media 23,47

Desviación estándar: 10,29

2. b) Se utiliza, tal como se explicó en capítulos anteriores el ISRA (Inventario de Situaciones y Respuestas de Ansiedad) para evaluar la frecuencia con que la ansiedad se manifiesta por una serie de respuestas o conductas tales como pertenecientes al sistema cognitivo, al fisiológico o al motor, obteniendo puntuaciones para cada uno de los tres sistemas citados.

Los puntajes máximos que se obtienen para:

Ansiedad moderada (50-70)

Ansiedad marcada (70-85)

Ansiedad severa (> 80)

Ansiedad extrema (>95)

2. c) Para evaluar la Depresión se utiliza la Escala de Depresión (GDS) de Yesavage para el diagnóstico de depresión, siendo:

Punto de corte para diagnosticarlo de 6 puntos

Punto de corte de depresión en progreso 6 a 20 puntos

Punto de corte de depresión grave más de 20 puntos

2. d) El inventario de Beck, para evaluar el grado de intensidad, según una puntuación que relacionamos con los grados de Estrés de la siguiente manera:

0 a 13 = mínimo grado de depresión.		NO SIGNIFICATIVO
14 a 19 = grado leve	GI	ESTRÉS LEVE A MODERADO
20 a 28 = grado moderado	GI	ESTRÉS LEVE A MODERADO
29 a 53 = grado severo de depresión	GII	ESTRÉS MODERADO A SEVERO
53 a 63 = grado severo de depresión	GIII	ESTRÉS SEVERO A GRAVE

2.e) Estrés laboral y burnout

El Maslach Burnout Inventary (MBI) es utilizado en todo el mundo para cuantificar el estrés laboral y específicamente el Síndrome de burnout.

Resulta de mucha utilidad dado que por otra parte la descripción sintomática de sus tres dimensiones coincide con la forma más frecuente de presentación sintomática del estrés prolongado de diversos orígenes.

Los puntajes del MBI son los siguientes:
DIMENSIÓN I   (DESGASTE EMOCIONAL)   + DE 27
DIMENSIÓN II (DESPERSONALIZACIÓN)   + DE 10
DIMENSIÓN III (PÉRDIDA REALIZACIÓN PERSONAL) – DE 33

BATERÍAS NEUROPSICOLÓGICAS

La investigación neuropsicológica es una parte de la investigación clínica que incluye una anamnesis exhaustiva (realizada generalmente a través de una entrevista), la observación detallada del paciente mientras está siendo evaluado y ejecutando la prueba y el análisis de los síntomas.

La preocupación central del evaluador debe centrarse, no en si el problema se resuelve o no, sino en la manera en que el sujeto lo resuelve y debe ser suficientemente flexible para permitirle compensar las ejecuciones difíciles, (Manga y Ramos, 2007) lo que dicho de otro modo, no es solo hacer el análisis frío de los resultados cuantitativos, sino, también detenerse en los análisis cualitativos, que son los que brindarán las estrategias de resolución de la problemática del sujeto.

Características de las baterías neuropsicológicas útiles (Peña Casanova, 2002)

Según Kolb y Wishaw, como mínimo hay cinco criterios importantes que caracterizan a los test neuropsicológicos útiles.

1. Minuciosidad. Para que un grupo de test sea útil, debe medir todas las funciones. Debe identificar el hemisferio que contiene el habla; medir la inteligencia general y la memoria; medir las funciones sensoriales, perceptuales y motoras; valorar las funciones del lenguaje y, finalmente, examinar la función del lóbulo frontal.

2. Facilidad y coste. Los test deberían ser fáciles de administrar y de puntuar. Los tests tampoco deberían ser caros. Las

limitaciones del coste no son una buena razón para administrar un protocolo parcial de la valoración.

3. Tiempo. Los test no deberían tardar mucho en administrarse, es deseable finalizar la realización del test lo más rápido posible, sin comprometer la minuciosidad.

4. Adaptabilidad. Es esencial que los test sean portátiles y adaptables a las limitaciones que vienen determinadas por el sujeto.

5. Flexibilidad. La investigación continuamente está mejorando los tests e ideando unos nuevos y mejores. Es importante que los tests sean sustituidos y evolucionen a la luz de nuevos datos.

La batería integral neuropsicológica para la detección de deterioros cognitvos presintomáticos (BINAM-EAP)

Para el presente estudio se utilizó la Batería Integral Neuropsicológica para la Detección de Deterioros Cognitivos Presintomáticos (BINAM-EAP, Cecilia Schwartz Baruj, 2004) ya que cuenta con las características antes citadas para ser una batería confiable, es una batería mixta, cuanticualitativa, posee validez ecológica, sensibilidad y confiabilidad, y sobre todo cuenta con baremos locales para su puntuación.

En la Batería se incluyen una Entrevista semipautada de admisión, diversas escalas para evaluar aspectos psicoemocionales del funcionamiento cognitivo (descritos más arriba) y la Batería propiamente dicha.

La entrevista es sin duda la parte más importante del test ya que dará la primera información acerca del estado general del paciente, es decir, si hay un déficit marcado o no de sus capacidades cognitivas.

También brinda información sobre las áreas que se deben explorar más en profundidad, informa sobre factores protectores y facilitadores de deterioro cognitivo, lo que permite orientar las intervenciones conductuales para su control, en caso de los factores de riesgo; o su potenciación en el caso de los protectores. Por último pero lo más importante, permite establecer un vínculo de confianza necesario para la administración del test.

Las escalas de depresión de Yesavage y de Beck, se utilizan para estudiar la variable "depresión", dado que dicha variable afecta directamente al rendimiento cognitivo, y puede llegar a ser un factor de confusión diagnóstica.

Igual objetivo tiene la escala de Ansiedad STAI, que mide la ansiedad de rasgo, que permite hipotetizar sobre la estructura de personalidad del sujeto y la ansiedad de estado, sobre el modo que la persona afronta las situaciones estresantes. Y la escala ISRA para evaluar los tres componentes de la ansiedad, descriptos más arriba.

Test de Maslach (Burnot) para evaluar la incidencia del estrés laboral en el rendimiento cognitivo.

Estas pruebas, permiten a nivel global, ver si las fallas cognitivas por las que el sujeto consulta pueden tener una causa psicológica que las justifique.

Con los datos arrojados por la entrevista y las escalas, se puede buscar ya en la Batería propiamente dicha, rasgos que permitan hacer sospechar una afectación orgánica funcional, confirmar o descartar la sospecha diagnóstica que la Entrevista Neuropsicológica brinda, y cuantificarla para su posterior análisis.

Organización de la batería

La Batería está organizada siguiendo el criterio de Bloques Funcionales propuestos por A. Luria, que es a su vez, el modo en que se organiza el cerebro en su desarrollo evolutivo. El cerebro humano es un sistema funcional complejo que consta de diferentes Bloques o Unidades Funcionales, cada una de las cuales desempeña un papel al reflejar el mundo externo, en un complejo procesamiento de la información.

Primer bloque funcional

En la Evaluación Neuropsicológica un área importante de evaluar es lo que se llama "examen del estado mental" (EEM). Esta incluye tres áreas del funcionamiento cerebral: el nivel de conciencia, la orientación y la atención. Todas ellas tienen relación directa con el Primer Bloque Funcional, cuya función es la activación del cerebro, es decir de mantener el tono cortical óptimo. (Manga y Ramos, 2000) De este modo permite el mantenimiento de los ciclos de vigilia y sueño, regular los niveles de conciencia y patrones innatos de conducta.

Se evalúa en este bloque

1.- Conciencia y autoconciencia

Conciencia y Orientación: permite establecer el nivel conciencia y estado general de activación. Este aspecto se evalúa durante la realización de la Entrevista en donde se preguntan los datos personales, motivo de consulta, antecedentes, hábitos. El estado general con el que se presenta, las características de su discurso, su organización y el grado de conciencia de sus dificultades, son datos importantes para evaluar este aspecto.

Orientación

La orientación, alude a la capacidad del paciente para ubicarse a sí mismo dentro de las variables espaciotemporales que le rodean. Este ítem se subdivide en orientación de persona, espacio y tiempo que también es evaluado en la Entrevista.

Atención

Los componentes atencionales son importantes dentro de las funciones cognitivas no solo porque permiten evaluar el estado de alerta y vigilancia; sino también porque intervienen y afecta al resto de funciones cognitivas.

Cuando se habla de Atención y Concentración, se está haciendo referencia a la habilidad para orientarse hacia y enfocarse sobre un estímulo específico.

La concentración, es la habilidad para sostener, o mantener dicha atención el tiempo suficiente como para dar una respuesta a un estímulo determinado (función retículo cortical).

Atención selectiva: La atención selectiva es la habilidad para atender las características del ambiente que son importantes para la ejecución de una conducta dirigida a una meta. (Rains, G.D, 2003)

La atención dirigida: a diferencia de la anterior, es la capacidad de fijar la atención en un hecho determinado y luego describirlo sin estar el estímulo presente. (Contiene a la anterior).

Atención sostenida: es la capacidad de mantener la atención en una actividad dada, a lo largo de un tiempo. (Vega y Bueno, 1996)

Atención visográfica y visoespacial: con las pruebas de atención visográfica y visoespacial, se estudian las funciones visuales superiores que suelen afectarse debido a fallas senso-perceptivas propias de la edad. También permite saber qué estrategias atencionales son de más fácil utilización para el sujeto.

Atención dividida: es la capacidad de realizar varias tareas a la vez, esto es cuando la atención debe distribuirse entre dos o más tareas que ocurren simultáneamente (Vega y Bueno, 1996).

Reversibilidad perceptiva: la reversibilidad atencional o cambio atencional, es la capacidad de pasar de una tarea a otra, controlando primero una y luego la otra. (Vega y Bueno, 1996) Implica el cambio de foco de atención entre dos o más fuentes de información alternativamente. (Fernández Ballesteros, 1999)

Segundo bloque funcional

Este Bloque funcional es el encargado de recibir, analizar y almacenar la información que proviene del medio interno y externo. (Manga y Ramos, 2000)

Las principales funciones cognitivas que serán evaluadas en este Bloque, se han ordenado del siguiente modo:

Funciones analizadoras, con ellas se evalúan los canales de entrada de la información y su capacidad de reconocimiento (Gnoxias).

Por ser esta Batería específica para la detección de deterioros cognitivos preclínicos se han tomado los dos analizadores, el analizador visual y espacial.

a) Praxias: son el resultado del análisis de la información gnóxica y su expresión psicomotriz. En este bloque se evalúan las praxias manuales complejas (las simples no se afectan en el DCL) y se reservan para el Tercer Bloque las praxias construccionales, ya que para poder realizar la prueba con cubos, por ejemplo, hace falta la intervención de procesos ideatorios más complejos propios de este bloque. Esto es una evidencia de cómo se entremezclan los Bloques, en lo que es llamada la "actividad sistémica del cerebro".

b) Lenguaje. La comunicación verbal es un proceso especialmente complejo. Se evalúan distintas áreas involucradas en esta función, con pruebas de muy diversos tipos, requiriendo algunas, al igual que las praxias la intervención de funciones propias del Tercer Bloque. Dentro de lenguaje se evalúa:

- fluidez verbal
- función semántica
- repetición de frase compleja
- función nominativa
- comprensión de lenguaje abstracto (Funciones ejecutivas mediadas por el lenguaje)

c) Memoria: es la capacidad de almacenar la información que ha sido procesada para su posterior utilización, se evalúa con pruebas de aprendizaje de complejidad creciente. Se presentan siguiendo el orden natural de su formación, desde la memoria inmediata a la de largo plazo y en sus diversas manifestaciones, visual y auditiva-verbal y gráfica. Al final se reagrupan diversas pruebas, distribuidas en los distintos Bloques Funcionales, para evaluar lo que se denomina memoria de trabajo, semántica y episódica.

Se evalúa:

- Memoria inmediata visual
- Memoria inmediata visográfica
- Memoria inmediata auditiva verbal (aprendizaje de palabras, textos y lógica verbal)
- Memoria de dígitos
- Memoria diferida: visográfica y verbal
- Memoria de largo plazo y episódica
- Memoria semántica
- Memoria de trabajo

Tercer bloque funcional

Al Tercer Bloque Funcional, llamado Bloque de programación y control de la actividad (Manga y Ramos, 2000), le corresponde la función de programar, regular y verificar la actividad e informar a los sistemas eferentes a través de los cuales responde a la información, haciendo contacto con los ejecutores de las órdenes centrales o efectores que se agrupan fundamentalmente en dos tipos: músculos y glándulas. Los seres humanos no reaccionan pasivamente a la información sino que crean intenciones, planes y programas de sus acciones, inspecciona su ejecución y regulan su conducta para que esté en correspondencia con dicho planeamiento; finalmente, verifican su actividad consciente, comparando el efecto de sus acciones con sus intenciones originales corrigiendo cualquier error cometido. Este proceso de actividad consciente está dirigido básicamente por los lóbulos prefrontales y frontales, áreas cerebrales muy sensibles a deterioros incipientes.

La capacidad de resolver problemas (abstracción y generalización) y las funciones ejecutivas (incluye procesos como anticipación, selección de una meta, capacidad de planear, secuenciar y organizar información, y la flexibilidad cognitiva/mental) son términos que se han utilizado para describir las habilidades cognitivas más complejas. (Lezak, M. 1996) Estas habilidades son necesarias para poder llevar a cabo conductas socialmente apropiadas y ser un sujeto independiente. (Ostrosky Solís, 2003) Las funciones ejecutivas son prácticamente imposibles de separar de otras funciones básicas como la solución de problemas, el razonamiento abstracto, o de funciones atencionales complejas (control atencional), puesto que están intrínsecamente relacionadas.

De lo dicho anteriormente, es clara la importancia de una evaluación pormenorizada de dichas funciones. Para ello, se han tomado diversas variables:

- atención selectiva y control atencional necesarias para registrar la información,
- capacidad de secuenciación de imágenes y palabras,
- proceso ideatorio y razonamiento,
- programación de la acción,
- cálculo, resolución de problemas y
- funciones ejecutivas mediadas por el lenguaje

Conclusiones

De los estudios realizados hasta la fecha, pueden extraerse varias conclusiones.

En pacientes que atraviesan situaciones de estrés, ansiedad o depresión, se observan alteraciones de:

- memoria inmediata,
- desorientación espaciotemporal,
- concentración y atención dividida, sobre todo por lo que se denomina "ensimismamiento" que es la atención dirigida hacia sí mismo y la desconexión con las circunstancias del mundo exterior.

Correlaciona con altos valores en escalas de depresión y ansiedad de rasgo (STAIX 2) y altos valores en el componente cognitivo y fisiológico del ISRA.

No evidencian daño cortical en RNM y es reversible superada la situación.

En pacientes con quejas de memoria y despistes por estrés laboral, cuando dicha situación se extiende a meses, no se registran alteraciones significativas en su desempeño neuropsicológico, aunque sus escalas de ISRA, con componentes fisiológicos, cognitivos y motores arrojen valores elevados, al igual que las escala de Maslach y de Beck.

Los altos valores de escalas psicoemocionales y de estrés, hablan más de "temores o situaciones de deterioro percibidos por el sujeto" pero que no se plasman a nivel de daño orgánico cerebral, ni alteración de la función cognitiva.

Pacientes que atraviesan situaciones de estrés, ansiedad y depresión crónica, generalmente presentan puntuaciones altas en STAIX2 (ansiedad de rasgo), evidenciando rigidez cognitiva como modo funcional del cerebro.

En escalas de depresión de Beck y Yesavage, valores promedios característicos de depresión grave e igualmente elevados los valores en STAIX 2, ISRA y Maslach.

Las funciones cognitivas alteradas con un deterioro cognitivo de leve a moderado suelen ser:
- en la fluidez verbal (anomias),
- atención dividida, sostenida y concentración, reversibilidad cognitiva,
- orientación espacial,
- memoria inmediata, sobre todo auditivo verbal,
- memoria diferida,
- memoria de trabajo,
- funciones ejecutivas (secuenciación, razonamiento, programación de la acción, control atencional).

Usualmente presentan en RNM atrofia cortical incipiente en zonas fronto-témporo-parietales, e hipoperfusión en las mismas zonas en SPECT cerebrales.

De lo anterior se desprende, que realizar una valoración exhaustiva de las variables clínicas, bioquímicas, psicoemocionales-afectivas y neuropsicológicas cobra importancia, no solo para hacer diagnósticos diferenciales sobre la etiología de los deterioros que se presentan, sino tomar medidas terapéuticas interdisciplinariamente a tiempo, para prevenir, controlar, neutralizar, o eliminar factores de riesgo de posibles daños neurológicos irreversibles a mediano y largo plazo.

También le sirve al paciente con altos niveles de estrés y percepción de daño cognitivo alto, para calmar la ansiedad de pensar que sufre un deterioro degenerativo tipo Alzheimer, que a veces por antecedentes familiares y por los olvidos y despistes que sufren, los traen a consulta como un gran fantasma que potencian sus sentimientos de inseguridad, ansiedad de estado y depresión.

Sin duda alguna un abordaje integrativo y multidisciplinar del paciente que sufre estrés, se evidencia como de suma importancia, ya que el individuo es un ser complejo y único cuyas funciones fisiológicas, psicológicas y cognitivas interactúan holísticamente, denotando un síntoma, que en la mayoría de los casos, es la punta de un iceberg que hay que develar para permitir que el paciente recupere su equilibrio psiconeurofisiológico y con ello su salud y bienestar.

Bibliografía

YESAVAGE JA, BRINK TL, ROSE TL et al. (1983) Development and validation of a geriatric depression screening scale: A preliminary report. *J. Psychiatr Res* 1983; 17: 37-49.

MANGA Y RAMOS: (2000), Luria – *DNA Diagnóstico neuropsicológico de Adultos*, TEA ediciones, Madrid.

KOLB, B., WISHAW, Q., (1986) *Fundamentos de Neuropsicología Humana*, Ed. Labor S.A., Madrid.

PEÑA CASANOVA, J., (2002) "Exploración neuropsicológica de la demencia", *Alzheimer 2002: Teoría y Práctica.* Cap. 7, pág. 98.

PEÑA CASANOVA, J., *Normalidad, semiología y patología neuropsicológicas*, Ed. Masson, S. A., Barcelona, 1991.

LEZAK M. (1999), *Neuropsychological Assesment*, 4th ed. New York: Oxford University Press; 1999: 288.

BURIN, D. DRAKE, M. (2007) *Evaluación neuropsicológica de adultos*. Ed. Paidós, Bs. As.

SCHWARTZ BARUJ, CECILIA: "Batería Integral Neuropsicológica para la detección de deterioros cognitivos leves en adultos mayores (BINAM-DCL), Fac. de Psicología UNC, Cba. 2004.

FERNÁNDEZ BALLESTEROS, R., (1999) *Qué es la psicología de la vejez*, Biblioteca Nueva, Madrid.

RAINS, G. D., (2003), *Principios de Neuropsicología Humana*, Mac Graw Hill, México.

VEGA J. L. Y BUENO B., (1996), *Desarrollo Adulto y Envejecimiento*. Ed. Síntesis, Madrid.

PARA TERMINAR

La propuesta de un Manual de Diagnóstico del Grado de Estrés surgió luego de escuchar y estudiar más de 700 pacientes de diversas edades que consultaron por entender que estaban sufriendo las consecuencias del estrés. Muchos de ellos en el ámbito laboral.

En Argentina no se contempla al estrés en las leyes laborales. Y se traslada el problema hacia la persona que lo sufre, rotulándolo como un enfermo psiquiátrico, como alguien que presenta una minusvalía psicológica por la que no puede soportar determinadas condiciones en el trabajo.

Como en otros casos la evaluación de estos pacientes queda librada a la subjetividad del profesional que lo debe atender, subjetividad lamentablemente muy ligada a quien sea el empleador de ese profesional: una empresa privada o algún organismo estatal que se encarga de controlar a educadores, personal de salud, etc. generalmente los más afectados.

Con el criterio que se utiliza en general en esos ámbitos, los pacientes deben mostrar síntomas de enfermedades instaladas relacionadas con el estrés (ERE) para que se contemple su situación (Hipertensión, Enfermedad coronaria, Diabetes tipo II, Síndrome Metabólico, Inmunopatías u otras de mayor gravedad).

Con este manual pretendemos ofrecer una metodología diagnóstica objetiva para que sea utilizada antes que se produzcan tales enfermedades.

Con la aparición de los primeros síntomas y la corroboración mediante los exámenes propuestos y su correlación, se puede evidenciar lo que le está pasando realmente a la persona que consulta y de esa manera se podrá hacer una efectiva prevención en salud y comenzar con los procedimientos y tratamientos que correspondan, cambios en tipo y calidad de vida, intervenciones conductuales, etc. que puedan evitar que esa persona se enferme.

Ese es el cambio de paradigma que estamos proponiendo.